U0627585

图解服务的细节

019

なぜこの店では、テレビが2倍の値段でも売れるのか？

大数据时代的
社区小店

［日］山口勉 著

尹娜 译

人民东方出版传媒
People's Oriental Publishing & Media
东方出版社
The Oriental Press

图书在版编目（CIP）数据

大数据时代的社区小店 /（日）山口勉 著；尹娜 译. —北京：东方出版社，2014.9
（服务的细节；19）
ISBN 978-7-5060-7734-7

Ⅰ. ①大…　Ⅱ. ①山…②尹…　Ⅲ. ①零售商店—商业经营　Ⅳ. ①F713.32

中国版本图书馆 CIP 数据核字（2014）第 205123 号

NAZE KONOMISEDEWA TEREBI GA NIBAI NO NEDAN DEMO URERUNOKA?
Written by Tsutomu Yamaguchi.
Copyright © 2011 by Tsutomu Yamaguchi. All rights reserved.
Originally published in Japan by Nikkei Business Publications, Inc.
Simplified Chinese translation rights arranged with Nikkei Business Publications, Inc.
through Beijing Hanhe Culture Communication Co., Ltd

本书中文简体字版权由北京汉和文化传播有限公司代理
中文简体字版专有权属东方出版社
著作权合同登记号　图字：01-2014-1944 号

服务的细节 019：大数据时代的社区小店
（FUWU DE XIJIE 019：DASHUJU SHIDAI DE SHEQUXIAODIAN）

作　　者：［日］山口勉
译　　者：尹　娜
责任编辑：崔雁行　高琛倩
出　　版：东方出版社
发　　行：人民东方出版传媒有限公司
地　　址：北京市东城区朝阳门内大街 166 号
邮　　编：100010
印　　刷：万卷书坊印刷（天津）有限公司
版　　次：2014 年 10 月第 1 版
印　　次：2024 年 1 月第 9 次印刷
开　　本：880 毫米×1230 毫米　1/32
印　　张：5.5
字　　数：114 千字
书　　号：ISBN 978-7-5060-7734-7
定　　价：28.00 元
发行电话：（010）85924663　85924644　85924641

版权所有，违者必究

如有印装质量问题，我社负责调换，请拨打电话：（010）85924602　85924603

目 录
CONTENTS

前言

以前欧洲企业与日本企业进行合并时，日方高层说过这么一番话。

"日本的企业擅长制造精良的产品，而欧洲企业则擅长将商品高价售出。我想跟他们学学其中的营销之道。"

这么想来，路易威登、香奈儿、斐乐等世界公认的高级品牌大多都起源于欧洲。

回过头来看看日本，电视机的价格越卖越便宜。手机、电脑亦是如此。就算是新开发的功能齐全的机型，上市一段时间以后就开始打折销售。总之，降价销售的例子绝不鲜见。

采取银根紧缩政策长达 15 年之久的日本，是否真的无法将商品进行高价销售了呢？

就是在这样的大环境中，位于东京町田的"电化山口"，其商品售价就比别的家电量贩店贵。比如，超薄型的电视机售价几乎是其他量贩店的 2 倍。从空调、冰箱到太阳能发电，甚至小规模的室内翻新，都是电化山口的业务范畴。

虽然是东京町田的一家小电器店，最严峻时期被 6 家大型家电量贩店包围，竟然也奇迹般地做到了连续 15 年盈利。

其成功的秘诀就在于自始至终的优质服务。如果顾客同时购买了电视机和录像机，理所当然会送货到家并帮顾客安装好。若顾客是不擅长摆弄电器的老年人，负责人甚至会每周上门一次，帮顾客设置好他们最爱看的韩剧的录像。

"电化山口"的社长山口勉经常说："满足顾客的要求是理所当然的。但是我们要在顾客提出要求之前就满足他们。"

为了实现如此的优质服务，电化山口将目标客户精简到以前的三分之一。他们放弃了哪怕为了便宜 1 日元也要四处比较后才购买的年轻客户群，将目标客户锁定在比起价格更重视服务的高龄群体。服务区域也锁定在町田市内，基本以上门推销的形式为主。

当然这其中有着非常细致的客户管理模式。不仅从家庭成员构成到房间的数量，还包括从电化山口以外的店购置的家电，甚至连客户家中没有安装空调的房间数量的数据资料都尽在掌握。而且，每月在店内举办主题活动，借此广泛维持与客户之间的密切联系。

本书旨在介绍电化山口与客户保持紧密联系的营销模式。本书基于2010年起连续3年在《日经管理层》上连载的报道，并添加了迄今为止未公开过的大量丰富的资料编写而成。

"已经对于低价销售感到疲惫了""怎样做才能提高售价""想让顾客更加满意"等等，有诸如此类想法的朋友，请您一定阅读此书。相信您一定能在此书中找到店铺创新的启发。

《日经管理层》编辑部

第 *1* 章

为了企业不倒闭，
从"低价销售"到
"高价销售"的模式转换

"电化山口"是一家位于东京都町田市的小型家电贩卖店。

在这里我将家电销售的生意做了48年。曾经在泡沫经济时期，也开过数家分店，但是现在只有位于町田市郊的一家店。2012年3月电化山口的销售额为12亿4000万日元，净利润约为3000万日元。作为极其普通的小企业，能有这样的利润应该说是很不错了。

公司职员大约40人。其中15人承担上门销售的业务。这些员工会定期地到客户家中拜访，向顾客推销电视机、电冰箱、空调等家电。负责店铺内销售的员工有8人。维修部员工4人，其余是负责总务、财务等行政业务的员工。

创业以来，我们秉持"不能被动地等顾客上门"的理念，一直致力于走访客户、上门销售的模式。上门销售与店铺销售的营业额比例为65∶35。

我们这间不起眼的小规模电器店备受关注的原因恐怕在于，"在银根紧缩的大背景下，不搞低价竞争坚持以高价销售商品，却能将店铺维持发展至今"。

"电化山口"的店铺位于从JR小田急线的町田站下车，转公交车约10分钟路程的郊外。

　　而且东京町田是淀桥相机、山田电机（两者均为日本大型家电连锁企业。——译者注）等店铺集中的家电销售激战区。电化山口为何能够在价格竞争中脱颖而出、将这些家电连锁巨头甩在后面而得以生存下来呢？下面我就来分析其理由。

●比其他家电量贩店售价高出 15 万日元也 能卖出

　　电化山口店铺内摆放的价格标签"32 万 8000 日元"。

这是50英寸液晶电视的售价。其他家电量贩店的售价是多少呢？相同产品在家电量贩店售价可能会在17万8000日元左右。也就是说，电化山口的售价大约贵了15万日元！

或许您会认为："售价比别的店贵了近两倍，不可能卖出去的。"当今的市场中，哪怕价格便宜1日元也有竞争优势，所以有这种想法也是理所当然的。

但即便如此，电化山口的顾客还是会惠顾。为什么这么说，是因为电化山口的目标客户群只限于"不会太计较价格的顾客"。

与高价销售相匹配的就是，自始至终为客户提供优质的服务。服务才是长久维系企业与客户的手段。既然顾客肯花高价购买电器，那么电化山口必须要有对售出商品负责到底的决心。

电化山口的某位销售人员，每逢周五就会去客户家走访。有一位高龄女性顾客，很喜欢看韩剧，但是最近的数码家电操作略为复杂，顾客怎么也记不住给电视剧录像的方法。于是我们的销售人员就承担起代为录像的工作。

或许您会想："诸如此类的事情委托家里人做不就行了吗？"但是那位顾客的丈夫已经去世，是位独居老人。孩子也已长大成人，在别处买了房子独立生活。因此身边没有可以依靠的人。

在这种情况下，电化山口就代劳了。

在坚持为顾客提供贯彻始终的优质服务的过程中，不知何时顾客开始这么评价我们：比起远在天涯的亲戚，我们更依赖近在咫尺的电化山口。

还有一件事。应该是东日本大地震发生后不久的时候。那时町田市的受灾情况并不是很严重，但由于社会上纷纷流传自来水管的水混入了放射性物质，瓶装饮用水瞬间被抢购一空。

这时电化山口的销售员接到了顾客"哪里有卖瓶装饮用水"的询问。电化山口的销售员立即开始寻找卖水的商店，找到之后不仅告诉了顾客，更是代为购买之后并亲自送至顾客家中。这因为考虑到瓶装饮用水很重，想为顾客提供便利的服务。

当然，在日常生活中，小到顾客更换电灯泡的要求，我们都坚持做到立刻奔赴顾客家中为其提供服务。员工的名片上印有"电化山口永远会第一时间飞到您身边"的口号。只要顾客有困难，我们就会帮他解决到底。有付出就会有回报，顾客自然而然会选择在电化山口继续消费。

这就是电化山口的营销之道。

坚持秉承这样的优质服务的结果就是，电化山口赢得了顾客的支持，他们认为"价格贵一些也无妨，我就是想在电化山口购买"。我们的主要客户年龄层在 55 岁到 60 多岁。再往上，80 多岁的顾客也不在少数。

●年轻人不来光顾也无所谓

在电化山口的客户中，有位顾客甚至留下"有什么事就找电化山口帮忙"的字条就出门旅游的。这位老先生经常和夫人一起来店里，我和他有 30 多年的交情了。夫妇二人经常顺道来店里小叙家常。每次接到他"电视机屏幕不亮了""洗衣机不转了"之类的电话，我们都会立刻上门检查维修。

生产厂家、担任经营顾问的老师都经常强调："电器店必须抓住年轻顾客。"但是一家小公司是不可能抓住年轻顾客的。年轻人精力充沛。即使稍微有些远，也会跑到东京的新宿或秋叶原去购买电器。哪怕只买一件家电，也会逛 2~3 家量贩店，然后在价格最便宜的店购买，因此年轻人从一开始就看不上我们这种位于郊区的小商店。

另一方面，老年人既不会跑那么远，也不愿费力气逛好几家店。而且对于老年人来说，比起低廉的价格他们更看重优质的售后服务。数码家电的设定和操作如果简单倒还好，但现在总感觉数码家电的操作越来越难，所以我们会耐心认真地教会顾客操作方法，他们都非常高兴。

或许您会想："目标客户全都是老年人，将来可怎么办？"您会担心我们的客户人数会减少吧。因为您或许会认为："过去的老年人喜欢商家周到的服务，但是现在的老年人从他们年轻时就一直习惯在大型量贩店购买家电，老了以后还是会在那里购买吧？"

看起来您说得很有道理。

但实际数据显示情况并非如此。事实上即便是现在，电化山口的新增客户每月在 70 人左右，每年的新客户大约增加 1000 人。另一方面，也有顾客不会再次惠顾，从客户台账中被删除的顾客每年大约 1000 人。因此，客户人数大致在 1 万 1000 人左右徘徊，这 15 年来没有太大的变化。

无论今后日本的信息化进程会如何加速发展，比起价格更重视优质服务的顾客会一直以一定比例存在。对此我持乐观态度。

也就是说，电化山口的顾客不会消失。

●每周末店里都会举办活动

而且，电化山口为了长期维系与顾客的关系，一直在进行着各种各样的努力。比如每周末在店里举办的各种活动。电化山口会通过直邮广告给登记在客户名单中的顾客邮寄邀请函，来店参加的顾客可凭邀请函换取各种赠品。

比如我们每年9月会举行"秋刀鱼美食节"。从鱼市上采购来新鲜的秋刀鱼，在活动会场上烤熟供顾客们随便享用。此外，在散会时还特别为每位顾客准备2条秋刀鱼，供其带回家食用。

活动内容每4周更新一次。比如有，6月举行的为客户赠送一整条鲣鱼的"鲣鱼美食节"、11月举行的为客户赠送2公斤北海道产男爵马铃薯（马铃薯的品种名——译者注）的"男爵马铃薯美食节"等。为了使顾客能够有"既然已经给我发了邀请函，那就到电化山口去看看吧"的想法，我们一直在企划这样那样的活动。

电化山口的目标不是把商品卖出去就完事儿的一锤子买卖，而是能维系与顾客打一辈子交道的、长久的买卖关系。以长远目光来看，顾客若对电化山口有较好印象的话，必定对销售业绩的提高有促进作用。

能为顾客提供如此优质周到的服务，也正是有赖于电化山口丰厚的利润。即使我们将一部分利润以客户服务的形式回馈给顾客，电化山口仍可以维持正常运营。

采用降低利润率来增加销售量的"薄利多销"策略是普通量贩店的做法，而电化山口使用的则是"提高利润，长久销售"的营销模式。

因为我认为"真正的生意是在销售之后才开始的"。

●从家电量贩店的包围中杀出一条血路

"高价销售"也好，"厚利长销"也好，都不是电化山口创业初始的方针。改变的契机在 1996 年。认识到大型连锁电器量贩店陆续进入町田这一事实后，我绞尽脑汁才想到了这个在激烈的商战中存活下来的办法。

小公司在大企业面前不堪一击。很多人都会这么想吧，因为我曾经也是这么认为的。大企业的进货规模是小公司无法匹敌的，所以在价格竞争力方面小公司就毫无优势可言。和大公司正面交锋打价格战的话，小公司是不可能获胜的。

任何行业做生意都不容易，家电行业也不例外。一方面，大型电器制造商在国外被韩国、中国的产品所压制。另一方面，在日本国内，一部分的市场需求被转移到了微波数字广播电视上，市场需求呈现低迷态势。电化山口销售松下品牌的家电，曾经令电化山口得以依赖的松下电器也因负债而苦不堪言，这是前些年无论如何也料想不到的情况。

正如比酷相机（日本大型家电连锁店——译者注）收购小岛电器一样，家电零售也正经历着业界的整合重组。拥有大量充足资本的大公司通过大规模的合并，变得更加强大，继而在重组中胜出。这是目前家电零售业的动向。

但是，我认为，根据每家企业经营方针的特点可以找到最适合自身的生存之道。

1995 年之前，町田没有家电量贩店进驻。我们也想过："可能家电量贩店迟早会进驻町田，但是还是希望量贩店不要来。"

但是世界上不可能有这么如人所愿的事。1996 年，小岛电器来町田开店了。町田当地原本就有一家叫做野岛的家电量贩店。但是，野岛电器在发展成量贩店之前就一直在町田经营，所以并不让人感到那么可怕。

但是，小岛电器已经决定要来町田开店了，而且距离电化山口只有 2~3 分钟的车程。我在想："这下麻烦了。"

更糟糕的是，我还听说山田电机也有来町田开店的计划。在家电业界流传着这样一句话：有小岛电器的地方就一定有山田电机。当时，这两家公司是竞争对手，双方在激烈地竞争业界老大的宝座。因此，山田电机在小岛电器附近开店一事已成为业界公认的定说。

后来山田电机真的来了，在我还没回过神的工夫，小岛电器、山田电机都来了，而且他们的店铺与电化山口位于一条直线上。祸不单行，秋叶原的佐藤无线（日本的家电量贩连锁店，2013 年被山田电机收购。——译者注）也在附近开了两家店。最后淀桥相机（日本的家电量贩连锁店。——译者注）也进驻到位于町田车站前的大厦中。就这样，两三年间町田市最终进驻了 6 家电器量贩店。电化山口瞬间陷入了被 6 家家电量贩店包围的窘境之中。

●痛感 "高不成低不就是不行的"

那时候我很担心电化山口的命运，夜晚经常失眠。当时，电化山口有 40 多名员工。我内心非常羡慕只有 3~4 名员工的小规模电器店。因为我认为，只有 3~4 名员工的话企业无论如何是可以一直经营下去的。销售额下降的话，可以用"这个月不给社长发工资"的办法渡过难关。但是员工达到 40 人的话，就算不给社长发工资也于事无补。

那个时候我痛感：高不成低不就的电器店，真是棘手。当时的电化山口既不是可以经受得住价格竞争的大企业，也不是亏本时咬紧牙关就能闯过去的小企业。无论是在价格上还是在服务上，都毫无优势可言。

我已陷入恐慌之中。晚上，躺在床上也睡不着。就算喝酒，也会因精神高度紧张而很难喝醉。这样的状态持续了很长一段时间。现在回想看来，应该是快得忧郁症的状态了。

该如何是好呢？我向许多担任企业经营顾问的老师、生产厂家的负责人征求意见。但是他们的回答也都不一样。

既有"电化山口一直努力经营，大型量贩店进驻之后销售额或许会多少有所下降，但应该问题不大吧"此类宽慰我的回答，也有"估计销售额会下降 1 成左右吧"这样毫无根据的回答。

也就是说，给我意见的人本身也不明白情况会怎么样。量贩店大量入驻后，当地的电器店销售额会下降多少？正因为我不知道答案，所以才迫切想通过咨询专家进行了解。这么说或许会很不礼貌，但我认为专家也是抱着事不关己的态度敷衍回答的。反正他们自己不是当事人。我并没有恶意，但这是我的真实想法。

不过回过头一想，我拿这件事跟别人去商量，这本身就很可笑。因为我并非是被人求着才开始做生意的，一切都得靠我自己解决。从此，我的想法改变了，我不能依赖任何人，必须自己思考、自己解决。

●什么是量贩店做不到的？

因此我就认认真真地考虑量贩店的特点。量贩店的优点是什么？价格便宜、停车场宽敞、店铺面积大、各种品牌家电应有尽有……反正睡不着，我就一直这么思考着。

最终我得出如下结论，量贩店最大的特点就是：哪怕是 1 日元也要做到比其他店更便宜。因为量贩店的口号就是，"客户若能把其他店的宣传广告拿来的话，我们一定会比他们卖得更便宜"。所以我的结论就是，量贩店的最大特点在于低价销售。

那么，量贩店做不到的又是什么呢？"便宜"的反义词是"贵"。我突然想到，认为"低价销售才是正道"的量贩店唯一办不到的事就是高价销售。这并非一瞬间闪现出来的念头。而是在我一直不停思考的过程中，逐渐在头脑中整理出的答案。

如果是那样，电化山口就干脆与量贩店的策略背道而驰，进行量贩店做不到的"高价销售"。町田市的电器店反正都不可能"高价销售"，那电化山口的"高价销售"也可称转型经营吧。

我对员工们也明确表示，"在量贩店激烈的价格竞争中，电化山口逆向思维开始实行高价销售吧"。

员工们听后大吃一惊。一般说来，削减经费、尽可能地向量贩店的售价靠拢或许才是正确的做法。虽然我没有被员工询问："社长，你是不是受什么刺激了？"但是，他们显然觉得我的决定很不可思议。

但是，作为经营者的我比任何人都清楚地知道，模仿量贩店搞价格竞争是赢不了的。虽然员工们不知道，但当时的电化山口早已不具备搞价格竞争的实力了。

当时电化山口的负债金额达到了 2 亿日元。这是泡沫经济瓦解后，企业连续数年亏损而留下的债务。但即便如此，我曾经认为，如果电化山口能维持现状经营下去的话，还是可以还清债务的。不得不说我的预期过于乐观。

如果卷入价格战争，只会削减原本就不多的利润，说不定每月的债务偿还都会成为问题。如果事态发展到那一步的话，电化山口距离倒闭也只有一步之遥了。

在量贩店围攻的情况下，为了挽救电化山口，就算销售额有所下降，也必须竭尽全力保住利润。从重视销售额到重视利润的经营策略的改变，原因在于我决定从"低价销售到高价销售"进行转换。

●我没有裁员

回顾被量贩店包围时的艰难岁月，也曾有人问过我"你没有考虑过裁员吗"这样的问题。

量贩店的进驻确实直接影响了电化山口的业绩。作为对策，或许削减经费、大刀阔斧的裁员等都能成为备选项。

但是我只削减了其他经费，完全没有考虑过要通过裁员来降低劳动力成本。

因为对小企业来说，解雇职员会相应产生一系列棘手的问题。

即使进行企业招聘，像电化山口这样位于郊区的小电器店，也很少有人愿意来应聘。有时为了招聘一名员工甚至要花费一百多万日元。

将花心血、花金钱培养起来的员工放走的话，造成的后果是无可挽回的。作为中小企业的经营者，我认为企业必须要留住人才。

我向员工宣布高价销售战略的时候，也出现了军心动摇的员工。但是我向他们保证："我是不会裁员的。让我们一起努力吧!"正因为如此，员工们才能抱成一团努力工作。

能让公司重振旗鼓的动力，除了员工们的热情和努力之外再无其他。

所幸没有裁员。我一直这么认为。

●即使销售额减少3成也没问题

基于上述原因，我认为"高价销售"就等同于"增加毛利润"。从低价销售到高价销售的转换也可说成是，从销售额至上主义向毛利润至上主义的转换。

售价减去进价即是毛利润。

现在量贩店的毛利率也达到了25%左右，但是在20世纪90年代后半期，量贩店的毛利率只有15%。电化山口所在地区的量贩店大约是 25%。在我开始电器买卖生意后，电化山口每年的毛利率在 25%～26%左右。

我所说的"高价销售"具体是怎么回事呢？就是我要将毛利率从 25%提到 35%，也就是增加 10 个点。当时量贩店的毛利率为 15%，如果电化山口为 35%的话，或许有人认为两者的差距太大。但是我认为，我下定决心与量贩店搞差异化经营的决定是对的。

只不过我估计销售额会有大幅下降。不可能只下降 5%～10%左右。因为电化山口被 6 家量贩店包围，销售额肯定会大幅下滑。我当时在思考，到底会下降多少呢？

虽然没有明确的依据，但是我判断销售额至少会下降 3 成左右。到 1996 年为止，我从事电器经营已经有 30 多年了，对销售额的预估靠的是我多年的从业经验。

假设销售额降低 3 成的话，毛利率在 25%的情况下就会出现赤字，企业就无法维持。"电化山口是间不错的电器店，但是附近新开了这么多的量贩店，看来电化山口再怎么努力也无济于事了。"邻居们或当地顾客虽然或多或少对电化山口有些同情，但他们都认为电化山口会关门倒闭。

但是，如果把毛利率提高到 35%的话，情况又如何呢？事实上，就算销售额降低 3 成也不会出现赤字，能够维持电化山口从前的利润水平。

我们来进行一个简单的计算吧。

销售额为 10 亿日元、毛利率为 25% 的话，毛利润就是 2 亿 5000 万日元。营销费用及一般管理费（统称"销售管理费"）为 2 亿日元的话，销售利润则为 5000 万日元。

假设 10 亿日元的销售额减少 3 成，变成 7 亿日元的话，毛利率为 25% 的情况下，毛利润则是 1 亿 7500 万日元。销售管理费同样为 2 亿日元的话，就会出现 2500 万日元的赤字。

但是，毛利率如果是 35% 的话，情况会怎样？销售额为 7 亿日元，毛利润就是 2 亿 4500 万日元。销售管理费还是 2 亿日元不变，销售利润是 4500 万日元。

也就是说，就算销售额减少 3 成，只要把毛利率从 25% 提高到 35%，增加 10 个点的话，虽然与以前的盈利 5000 万日元相比略有减少，但可以确保 4500 万日元的企业盈利。

再者，若将毛利率由 35% 增加 1 个点到 36% 的话，毛利润就会达到 2 亿 5200 万日元。减去 2 亿日元的销售管理费，企业盈利将达到 5200 万日元，所以说比起以前盈利反而增加了。

为了电化山口不倒闭，我认为，只有这个办法可行。

于是，我将员工召集一堂，对他们宣布："今后我们要实行'高价销售'，我们的目标是毛利率达到35%。"

之所以不把销售目标定为销售利润或经常利润（营业利润与营业外利润之和为经常利润。——译者注），而定为毛利率，是因为毛利率对员工来说是最好理解的。毛利率的计算最为简单。从销售额中减去进货价格即可，员工只要知道这两个数字，实际上，只要知道进货价格就可以了。要把握销售利润的话，则需要了解销售管理费等数据，对整日忙于销售工作的公司全体员工来说，是不适合的。

我使用的电子计算器上6、5、÷按键上都有标记。为了快速计算出35%的毛利率，我用"进货价格÷65%"的方式计算出销售价格。

让员工们实践重视毛利的销售模式的第一步就是，坚决地让员工在计算器的 6、5、÷ 按键上做上标记，这么做是为了确保员工在卖场准确快速地向顾客报出含有 35% 毛利率的销售价格。

比如说，进货价格为 10 万日元的商品要以 35% 的毛利率售出的话，只要把销售价格定在 10 万日元÷65% = 15 万 3800 日元以上就可以了。按照此方法教会员工"进货价格除以 65%"即可，用这种方法即便是新员工也能按 35% 的毛利率销售。

●将属于行业秘密的批发价告诉员工

但是，为了让上述计算方法在卖场有可操作性，需要提前告知员工进货价格。将真实的批发价公开给基层的一线销售员这一行为，在当时的家电销售行业还是绝无仅有的特例。我们称之为"最终批发价"的价格，通常因为与生产商的价格交涉或与销售业绩挂钩的奖金等回扣因素，会比生产商当初提供的价格还要更低。

想必很多人都有这样的经历。顾客在量贩店讨价还价的时候，店员一般不给打折，找经理商量却能打折。这是因为有的店员不知道最终批发价的缘故。一般来说，职位越高对商品价格的了解就越接近最终批发价。因此，就会有这种价格谈判的经验诞生了：在量贩店买家电应该和负责人去讨价还价。

之所以把最终批发价只告诉一少部分员工，那是因为经营者、财务总监认为，如果员工知道了最终批发价，就会立即给顾客最低折扣，这样的话企业就无法盈利了。

但是将经营目标转换成追求毛利主义的话，若不告诉员工正确的批发价的话，他们就无法给顾客提供正确的销售价格。再者，经营目标变为追求毛利主义之后，在考核员工业绩时，即使他们以最低折扣将商品卖出也是不被认可的。

于是，我将迄今为止被奉为商业秘密的最终批发价公布给了员工们。告诉他们之后我突然觉得心里一下子轻松了。以此为契机，我一直努力做到尽量将电化山口的营业指标对员工公开化。

●整理商圈和顾客

将经营目标定在"即使销售额下降3成，也要将毛利率从25%提高到35%"后，我开始着手重新评估商圈和顾客。

首先我需要缩小商圈。大致来说，电化山口的商圈一直定位在东京都町田市，但是以前认为"只要能卖出去，商圈外的生意也做"，所以离町田市很远的地方也有电化山口的顾客。这样的话，商圈一词就沦为了空谈。

所以我决定将商圈清楚地定位在町田市，将商圈外的顾客从拜访名单中删除。

如果要拜访客户的话，距离店铺近的客户越多，在相同时间内就能够拜访的就越多。若全都是距离远的客户的话，光拜访一家就要花费2到3个小时，这样就无法高效地拜访客户。现在仍然有町田市以外的顾客来电化山口订货，我们会统一口径："我们无法充分为您提供服务，请您莅临附近的松下电器专卖店购买。"

其次，我将顾客数量减为三分之一。截止那时，即便是累计购买金额达到数百万日元的顾客，若近5年内没有在电化山口买过任何商品的话，就从客户台帐中删除。对于此类客户，电化山口既不发送直邮广告也不进行客户拜访。也就是说，决定不与此类客户进行任何接触。

当时客户台帐中登记在册客户有3万4000人。我将客户人数一下子精简到了三分之一，也就是1万3000人左右。

整理商圈和顾客的目的在于为了增加与顾客见面的次数。在那之前，因为每名销售员平均负责 1000 多名顾客，所以无论如何都无法顾及每位顾客。

但是，如果顾客数变成 1 万 3000 人的话，上门推销人员与卖场销售人员合计是 18 人，每个上门推销人员就负责 400~500 名客户，而卖场销售人员则负责 500~700 名客户。这其中大客户约占三分之一，也就是 150 人左右。一天拜访 5 家的话，30 天就可以全部拜访一轮。

电化山口要求销售人员对于大客户至少一个月能去拜访一次，并询问客户"您有什么需要我帮忙的吗"。此外，电化山口要求员工在拜访客户时，要留意如下问题：客户居住的房子是独门独户还是公寓楼、房间布局情况、家庭成员构成、是自有房产还是租住房等。

冒险缩小商圈、精简客户人数的这些做法都是与量贩店的宗旨背道而驰的。但是我并非是抱着较劲的想法才这么做的。因为对于电化山口来说，这么做恰恰是合理的。

电化山口并不想通过扩大商圈来拓展客户，以期从众多的客户中一点点地积累销售额。而是通过增加能够说出"我打算全部家电都从电化山口购买"的大客户比例，哪怕这种大客户比例的增加是缓慢的，以此带动毛利率增长，从而取得作战成功。事实上即便现在，在和电化山口打交道多年的大客户中，几乎没有人对价格有任何异议。

●废除以销售额为中心的人事考核制度

另外，我彻底清扫了在电化山口中蔓延的"销售额中心主义"的想法。或许任何一家公司都有这样的情况，当时电化山口的经营也是以销售额为中心展开的。就是按年、半年、月制定销售额计划并加以管理的方法。

过去员工的业绩考核也是以销售额为基准的。比如，傍晚在外面跑业务的员工回到公司兴高采烈地汇报"今天我卖出了电视机和冰箱，销售额合计 40 万日元"，大家会鼓掌欢迎，并在柱状图表上写上"今天也很棒"的话语加以鼓励。就这样用销售额制定计划，用销售额管理业绩，用销售额考核员工并据此来发工资。

现在想来，这很难称为一种好办法。因为这样会疏于对企业利润的管理。员工或许也会在意企业的利润，但是抱着"总之只要完成销售额目标就好了"的想法，将销售价格压到最低卖给顾客的情况也屡见不鲜。

这样的话，一直以来我的经营管理和员工考核方法就是有偏差的。为了重新制定经营方针，我的基本战略就是将 25% 的毛利率提高到 35%。"营业额无关紧要，利润才是关键问题"，光嘴上喊口号是不行的，公司内的管理体制也必须与经营方针相匹配。

因此电化山口在制定经营计划时，废除了以销售额为基础的体系，变成一切以毛利为重的体系。

所以员工之间的对话也发生了改变。"我今天卖出了电视机和冰箱。今天的'销售额'是 15 万日元"。员工说这番话时，所说的 15 万日元并非真正意义上的销售额，而是指毛利润。在电化山口，"销售额"这个公司内部用语不再指一般意义上的销售额，而是代指毛利润额。

照此理解，进货价为 15 万日元的电视机如果以 15 万日元售出的话，在电化山口"营业额"就被视为零。

电化山口的薪酬制度也变成了与毛利润挂钩。我们的薪酬体系是由 7 成基本工资与 3 成提成工资构成。其中，将提成工资的考核标准由原来的销售额变成了毛利润额。起初我很担心这样做是否会惹麻烦，结果超乎预想，顺利地过渡到了新的薪酬体系。

●"上门推销"的原点就在电化山口创业之初

如上所述，销售员通过拜访大客户来询问："您有什么需要买的电器吗？""您有什么需要我帮忙的吗？"进而实现了电化山口向"上门推销"这一营销路线的转型，在自助式服务营销模式大行其道的现今，电化山口的上门推销显得十分罕见。但是过去卖酒的商贩会上门到各家做买卖，满足顾客"酒喝完了""酱油用完了"之类的种种需求，这都是曾经再平常不过的情景。

电化山口的上门推销策略也可以说是我生意的原点所在。我从小就喜欢摆弄电器，经常拿着烙铁到处玩。从电器专业的专修学校毕业后，我在 NEC、东芝和日立制作所有过短暂的工作经历后，被松下通信工业录用到技术岗位工作。

过了大概 3 年，自主创业的想法不断地从脑袋里冒出来。说不定我原本就不适合做上班族。在公司打工总觉得干得不舒心，我便下定决心自己开一家电器店。

考虑到即便突然自立门户创业也是一窍不通，所以我就在东京都八王子市的电器店学习了一年。在那里我最初被委派的工作就是，把产品目录手册装在本田摩托车上，四处奔走推销。工作的内容就是，每天不间断地拜访周边的住户，给顾客看产品手册，向他们推销产品。自那时起，我就有这样一个根深蒂固的认识：开电器店的，光在店里等顾客上门是绝对不行的。

我最初学到的就是，"你必须去上门推销"。在电器店学习的时候，我利用午休时间偷学了一些修理技术，掌握了电器产品维修的技能，就这样学会了电器产品营销和修理的我，终于下定决心自己开店了。

那是 1965 年，东京奥运会结束后的一年。虽然当时日本正处在对经济高速发展良好预期的氛围之中，但是位于东京郊外的町田市还是一片片绿油油的农田，城市化的脚步还没有波及这里。不管如何，我想先申请装部电话，于是去电信局说："我想装部电话。"结果工作人员却告诉我："需要等一年才能开通。"我创业之初就是那样落后的时代。

但是，我实在等不了一年的时间。不管三七二十一，我把家里的储藏室改造成了修理场，决定就这样开始我的创业之路。那时我还没有店面。既没有钱也没有电话。仅有的是一辆二手轻型厢式车。

因为没有店面，所以我每天早早出门，去各家转悠，询问"您有没有电器需要修理"。很意外，竟然真有生意，主要以夏天修风扇、冬天修被炉居多。由于当时自来水供水网并不完善，生活用水依靠井水的家庭也非常多，所以我也经常修理水井用的电动水泵。

当我忙于上门推销时，终于有一天电话局来了通知说，电话开通了。于是我就租了 5 坪（坪是日本计量单位，1 坪约为 3.306 平方米——译者注）左右的店铺开始了"电化山口"的生意。那是 1966 年 5 月的事。所以我认为，电化山口的根源就在上门推销。

●用 4 个信条满足客户

在这里我想介绍一下电化山口的经营理念和活动方针。所谓经营理念，就是"电化山口是为了惠顾我们的重要顾客而存在，是为了为顾客努力工作的员工而存在"。

而且，我根据此经营理念制定了"4 个信条"。这就是电化山口该如何行动、员工该如何去做的活动方针。

①顾客有需要时立刻飞奔过去

②提供无微不至的服务

③让顾客高兴

④用优质的商品获得顾客的满意

①顾客有需要时立刻飞奔过去

顾客有困难时，哪怕早 1 分钟也好，都要尽快赶到顾客身边。这是电化山口服务的基本宗旨。我认为这一点就是我们这种小规模本地店与大规模量贩店相比，最有优势的地方。量贩店的基本营销模式就是吸引顾客到店里来购买。而本地店刚好与之相反，我们要从加强与顾客的联系入手。

以前的"上门推销"也是定期到顾客家拜访从而获得订单的方法。

我给这种上门推销方法加上了"速度"的规定。

我小时候，家里什么东西坏了的话，就算是请人来修，对方也不会立即上门来修理。我将那样的经历作为反面教材，决定"顾客如果有需要，就必须立即飞奔到他的身边"。

今后日本社会会向老龄化发展。因此，对类似我们这种经营模式的需求也会越来越多。老年人不像年轻人那样充满活力。不再像年轻时那样主动地进行价格对比，哪怕便宜 1 日元也好，都会去价格更便宜的店购物。总的来说，老年人更喜欢商家上门推销与服务。现在，便利店或餐饮连锁店也都开始了外送服务。我认为这正是顺应社会需求的行为。

"有什么情况他们会立刻来帮我解决的"。如果能够赢得客户的信赖与安心，我认为不必搞价格竞争也能在商战中生存下去。

②提供无微不至的服务

既然我们极力主张要与客户建立紧密联系，那么顾客有棘手的事情或遇到困难时，我们就必须立刻帮他们解决。

比如电池或电灯泡这类消耗品，越是售价低的小商品就越需要有立即送至顾客手中的服务意识。比如有顾客来电话说："有什么事来的时候，能否顺便帮我捎一个电池来？"此时负责销售的人员就会心领神会，必须立即把电池送到顾客家中。这是因为销售人员觉察到了顾客的微妙心理。那就是，由于电池的商品单价太低顾客觉得不好意思让店员专门跑一趟，所以说"顺便捎来"，实际上顾客是立即想要的。

诸如此般，将无微不至的服务追求下去的话，就会形成独一无二的电化山口的特色。

但是我认为，其实员工甚至需要"在顾客提出要求之前就满足他"的服务意识。在电灯泡坏了时，就要不露声色地检查一下顾客家中其他房间电灯泡的情况如何。空调或室外机过滤网的更换也是同样，在顾客意识到之前，电化山口的员工就要先行提醒顾客："我觉得过滤网差不多也该更换新的了。"

为了体察到顾客的需求，最重要的就是要培养观察发现的能力。

说起销售员，大家都会认为能说会道的人容易做出业绩。但是在电化山口，业绩出色的销售员中也有少言寡语的员工。这名员工不擅长长篇大论地讲话。关于商品的功能宣传也不是很拿手，而且也不擅长奉承顾客。但是他的销售业绩非常出色。理由就是他是一个很会细心照顾别人的人。他经常会体察到顾客的需求，所以顾客也很喜欢他。我认为，这样的销售员就很适合电化山口的营销模式。

③让顾客高兴

第 3 点就是让顾客高兴。难得顾客花高价购买了电化山口的商品，那么就要在商品寿命期限内，竭尽全力为顾客提供优质服务。

做生意绝对不是价格决定一切。我认为，最终还是要看顾客是否高兴，顾客是否满意。"价格虽然贵，但是在山口店购买真是太好了。"若能得到顾客的如此认同就可以了。

电化山口出售的不光是家电，更是具有附加值的服务。

用数学公式表示就是，"电化山口的价格＝商品价格＋服务"。

这时，我认为铁则就是"让顾客高兴了之后再提价"。电化山口在8年间将毛利率由25%提到了35%，但是当初是计划用10年来完成的。计算的是每年提高1%。我当时认为只能一点一点地提高毛利率。

如果顾客不满意的话，就无法进行高价销售。所以，到底什么是让顾客满意的服务，经过深思熟虑，我采取了如下行动。

每周的周六日在山口店举办活动就是其中之一。

最初举办的活动是33年前就开始的"男爵马铃薯美食大会"，这是在我决心走"高价销售"路线之前就一直持续下来的活动。当初是从微薄的利润中筹出部分活动经费举办的。因为我相信，让顾客认为"去山口店的话就会有有趣的活动"是很重要的。

另外，重要的是将活动坚持做下去。如果仅仅举办一次活动的话，顾客是不会有"那家店一直在做有趣的活动"的印象的。这种印象是在每年坚持举行活动的过程中逐步向顾客渗透的。首先要建立一种能让顾客高兴的企业架构，然后再酝酿涨价。这就是将"高价销售"的生意维持下去的诀窍所在。

④用优质的商品获得顾客的满意

因为电化山口是松下电器的系列店（制造业者为促销本公司产品而特别支援并组织化的零售店。——译者注），我们当然对商品的品质很有信心。加之电化山口独特的营销模式，我认为必须给顾客推荐能获得他们满意的商品。

就拿买电视机举例说明。很多顾客都会这么说："我家地方小，买小电视就可以了。"但是电化山口往往会给顾客推荐稍微大一些的电视机。当然也有大电视机更赚钱这种生意上的理由，但是并不仅仅如此。

电视机看一周左右就会习惯。起初认为"买小电视机就可以"的顾客，一旦选了看惯了大电视机就会说"果然如电化山口的销售员所说，买大一圈的尺寸也非常好"，这样的例子屡见不鲜。对于顾客来说，所谓的"好商品"有时并不一定都与他自己预想的商品完全一样。

顺便说一句，因为电化山口走的是高价销售路线，所以经常被人认为"电化山口的顾客都是有钱人吧"，但这是一种误解。

电化山口的顾客中几乎没有所谓富豪阶层的有钱人。

电化山口甚至不会采用专门以有钱人为目标的销售方法。倒不如说，我觉得有钱人对价格问题更苛刻。在有钱人中也有这样的顾客，就算劝他换新电器，也会说"现在的还能用，我不买"，一台电器会使用几十年。

因此，电化山口的顾客大部分都是在公司干到退休，靠养老金生活的人。姑且不管有没有钱，我认为电化山口的顾客都是"心胸宽广"的人，所以想尽可能地向他们推荐质量好的商品。销售员一个劲儿地向顾客强调"这个很便宜"的话，顾客会想"商家或许认为不给我打折我就买不起吧"。这样会让顾客认为销售员担心顾客荷包不鼓买不起。

比起那种做法，我觉得向顾客推荐高性能产品会更好。"价格稍微有些高，但真的是好东西啊。"这样顾客会心满意足地想，在销售员眼中我也算是经济实力雄厚一族了。

●电化山口开始承接室内翻新工程

电化山口从事的是家电销售，但从 1999 年起开始承接室内翻新工程。这是因为家电销售员定期上门推销，一来二去相熟的顾客就会提出室内翻新的要求。

"我最近想把家里翻新改造一番，你有没有好的推荐?""我想把厨房重新装修一下，你能帮我吗?"

类似上述的要求越来越多。

东京町田在日本经济高速发展时期（一般指 1955 年–1973 年日本经济高速发展的黄金时期。——译者注）被作为住宅区开发，在此修建了很多住宅楼。很多年轻夫妻搬来并在这里安家落户，他们的孩子长大成人后又离开这里，现在只剩老两口独自居住。电化山口的很多顾客都是这种情况。我在这里开店做了 48 年生意，眼见着这些年来顾客们住的房子在慢慢陈旧老化。

于是，即便我们正在向顾客推销洗衣机，顾客也会不经意提起："最近我家洗手间的下水不畅。"因为"要认真对待顾客的任何困难"是电化山口的目标，所以我决定以电化山口为窗口承接客户家中的翻新工程。

而且在当时，以高龄者为目标的打着室内翻新旗号进行诈骗的社会问题刚开始显现。我也想尽自己所能把顾客委托给值得信赖的施工单位。电化山口的信条就是要和顾客打一辈子交道，所以决不会出做"卖了东西就跑路"这样的事来。电化山口多年来一直坚持上门拜访客户，一直坚持提供优质的售后服务，所以我认为电化山口是适合向室内翻新工程领域进军的。

另外，松下电器新推出了不用明火而通过电力来解决家庭生活需要的电器，比如有，利用夜间阶梯电价烧水的冷媒热泵式电水壶、电磁炉等。所以说，室内翻新工程与家电销售之间很合拍。

在室内翻新改造过程中，电化山口负责与顾客商谈、制定计划等，具体的设计施工委托给当地的工程事务所或木工。由于帮他们揽来了生意，对于工程事务所来说也是好事一桩。

这应该就是区域店合作共赢的例子吧。

而且，工程事务所的木工大多都是靠手艺吃饭的直性子人，难免有不擅长与顾客打交道的。另一方面，对于电化山口来说，在向客户推销和售后跟踪方面都是非常拿手的。因此双方合作的优点显而易见。

于是，我迅速派相关人员到翻新工程现场负责协作，结果发现顾客的要求比我们想像的要多得多。迄今为止，翻新工程与全电气化的合计销售额占总销售额的近3成。当然，电化山口的主业毫无疑问还是销售电器，但是住宅设备领域也出色地成长为企业的一个支柱性事业。

● 8年间毛利率突破了35%

回到创业初始的原点"上门推销"，通过"高价销售"提高毛利率以求得企业生存。关于这套战略的成功，我起初估算至少需要10年。因为突然一下子提高售价的话，销售额恐怕会锐减。低价销售是一件容易的事，但是高价销售并非一朝一夕就能实现。必须在可控的范围内，每年逐步提高毛利润。

从结论来看，1996年开始实施高价销售计划时，毛利率为25%，到了第7个年头决算毛利率为34.7%。从第3年到第4年左右，毛利率实现了每年按0.5%—1%的速度递增，但是当时我没有十足的把握认为"这样是可行的"。

到了第7个年头的2003年年度决算显示，毛利率已经达到34.7%。直到那时我才切切实实认识到，"计划已经完全走上正轨，明年一定能突破 35% 的既定目标"。我认为，只要努力就没有做不到的。

另一方面，销售业绩如何呢？果然不出我所料，从 1996 年开始销售额就持续下滑。直到 12 年以后的 2008 年才停止下滑。在此期间，销售额减少了 22%。不过，降幅并没有到达我最初预测的 3 成。

电化山口的业绩变化

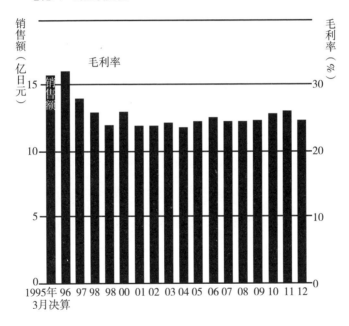

而企业的收益出现了大幅增长。之后在进货渠道、营销方法上又下了些工夫，现在电化山口的毛利率已经高达 39.8%。即便销售额比以前锐减，但进账的毛利润却比以前多得多。

营收的增长给企业经营带来的好处是无法估量的。最让我欣慰的就是，不用再为筹集资金的问题为难了。以前因为没有足够的现金来支付后续进货货款，给对方开支票时不断地说"请再等等吧"，现在再也不会有这种情况了。

到 2008 年，电化山口已经做到了无债一身轻。正如我前面提到的，1996 年时企业的负债是 2 亿日元。我的前辈经常教育我："企业借款的标准应该是企业一个月的营业额。"但当时电化山口的年销售额不到 20 亿日元，所以说也正处在危险边缘。但是毛利润低的话手头就不会有宽裕的现金，债务偿还也举步维艰。

这种情况持续到 2002 年，企业的毛利率达到 33% 之后，就出现了大的转机。仅靠手中的现金就可以维持企业的运转了。于是就没有必要新增借款或旧债倒新债。每月按期还款的话，负债自然就会减少，电化山口用了 5 年时间还清了所有债务。

"为了筹措资金而辗转反侧的不眠之夜，彻底拜拜了！"

如果那时，我也降低价格与量贩店大搞价格战，走定位不明确的营销路线的话，电化山口会怎么样真是不敢去想。下定决心，摸索量贩店无法做到的经营模式，勇于挑战就会有好结果。

现在我倒更想说声："量贩店的同行们，谢谢了！"

第 *2* 章

"立刻飞奔过去" 的山口营销模式

●表层服务与深层服务

像我们这样的小规模电器零售商，如果不尽可能地远离价格竞争的话是无法生存下去的。既然不得不用远高于量贩店的售价来决定胜负的话，那就只能在无微不至的客户服务上苦下工夫了。

我将服务细分为"表层服务"与"深层服务"两种。家电的销售或修理等与公司主业相关的为"表层服务"。不局限于家电销售，帮顾客解决困难或者主动帮顾客做一些事情的，可能叫法不一定十分确切，我姑且称之为"深层服务"。

举个例子，满足顾客提出的"我家的电灯泡坏了，请帮我换个新的"此类要求的，为"表层服务"。

销售人员开车在其负责区域内跑业务，结果看到了一个认识的顾客。一打招呼才知道顾客"正要去医院看病"。销售员听后很体贴地说："这样的话，医院离这也不远，我送您去吧。"这就是我说的"深层服务"。

一般的家电零售店为顾客提供的服务仅限于"表层服

务"。但是电化山口一直致力于"深层服务"。因为这是家电量贩店无法做到的。与客户打交道的过程中若无法建立信赖关系的话，就无法灵活地应对顾客的要求。

我们的名片反面印有"电化山口的深层服务全部免费"的字样。"我因有急事要马上出门，想请你帮我看家""请帮我给家里的植物浇浇水"。顾客的这些需求与家电销售都没有直接的关系，但是我们不仅是把电器卖出去就万事大吉，还必须满足顾客的种种要求，对于电化山口来说，这就是"深层服务"。

●修理商品前先治愈顾客的心

电化山口服务的基本准则是"顾客若有困难，就立刻飞奔过去"。若顾客打来电话说"电灯泡坏了"，我们就会立刻飞奔过去为其更换。

在电化山口，负责上门推销的销售员每人负责 400～500 户家庭，卖场里的销售员每人负责 500～700 户家庭。我将町田市内做了区域划分，不同区域分别委派销售员负责。负责上门推销的人员每天要在其负责区域内不停地跑业务，就算正在其他顾客家商谈业务，若有顾客打电话来请求帮助也会立即奔赴其家中。电灯泡或电池等备用品、工具都一直装在业务用车上，能够满足顾客一般的需求。

如上所述，如何通过上门推销去体察顾客内心的微妙想法，如何预见性地抓住顾客的潜在需求，这些都是赢得顾客信赖的关键所在。

在修理方面，我总是说："修理电器要先治愈顾客的心。"

假设顾客家中的冰箱坏了，如果是这样的话，实际上比起修理或是其他，电化山口有应该最优先去做的工作。那就是，"我先帮您把冰箱里的食物冰起来"。冰箱坏了顾客当然很着急，但更担心的是放在冰箱里的食物会变质。

也就是说，比起运走坏冰箱送去维修，更优先要做的是，销售人员带着装满冰块的便携冰箱飞奔到顾客家里，这才是正确的应对方法。首要任务是把食物放入便携冰箱冷藏。

当然冰箱发生故障这样的情况也不多见。即便如此，为了让员工意识到在修理过程中最重要的心理准备是什么，我们店里常备有装好冰块的便携冰箱。

冰箱姑且不谈，一般的简单修理由于收费不高，看起来似乎不赚钱。但是，实际上修理业务的毛利率很高，还是可以赚钱的。需要花成本的就是零部件，还有就是劳动力成本。因此，尽管收费只有 5000 日元的修理业务，其毛利率能到达 80% 左右。电化山口重视毛利率胜过重视销售额，所以修理也是不错的工作内容。我认为对待修理业务同样不能有所松懈。

●在修理时不推销新产品

电化山口修理业务的特点就是，不仅承接电化山口出售的电器的维修业务，也修理在量贩店等其他店购买的电器。

电化山口如果只维修松下电器旗下商品的话，对于顾客来说就不太方便。

为此，最初我将维修部门单独分割出来，也不使用"电化山口"的名称。因为我考虑到，这么做顾客在修理从其他量贩店购买的电器时就不会觉得不自在。

只不过，电化山口的工作用车一直停在那里，顾客也就慢慢知道了维修部隶属于电化山口的事实。所以，现在就以"电化山口维修部"的名义对外营业。

维修部门不进行家电的推销。来修理的顾客只希望把电器修好，如果被推销新电器的话就会觉得不愉快。在维修电器时，顾客所期待的就是如何尽快地帮他修好，而并非想买新电器。

维修就是维修。购买就是购买。两者看似相近却完全不同。要了解顾客的期待是什么。如果不能准确把握就会失去顾客。

维修只有零部件和劳动力的支出，因此毛利率很高，虽然金额本身数目不大，但我认为这样就可以了。为什么这么说，因为维修有维修的意义所在。

维修部门并非仅仅为顾客而存在，更是守护公司的一道壁垒。

电化山口的价格贵早已成为公认的事实，但是也有人不知道价格贵是因为能享受到更好的服务，或许他们当中有人认为电化山口是"黑店"。

在被人误解的时候，无论在何处购买的电器，电化山口的维修部门都能认真地修理好的话，在顾客中间就会有这样的口碑流传开："我虽然没有在电化山口购买过，但是也能帮我维修真是太方便了。"

也就是说，维修部门像堤坝一样守护着公司。

我认为，我的顾客 10 人中有 2~3 人在电化山口购买家电就可以了。我未曾想过把 10 个人全部变成我的顾客。只是既然立足于町田市当地做生意，10 人中剩下的 7~8

人也很重要。如果被这些人指责的话，想在当地继续做生意就会很难。

要想立足于当地做生意，必须要考虑到顾客以外的人的感受。

●为了提高服务水平而制作的"客服项目清单"

服务质量就是电化山口的生命线。销售人员如何提高服务水平与如何取得顾客信赖的能力息息相关。洞察到顾客的困难，在顾客提出来之前就帮他解决掉。通过如此的反复积累，才能知晓销售人员能否与顾客建立起相互信任的长期关系。

平时是否机灵敏锐，这或许和与生俱来的性格有关，但是我认为，一定程度的应酬能力是可以通过训练得以提高的。

为了提高销售人员的服务水平，在电化山口一直有这样的传统。那就是一张 A4 规格的名为"客服项目清单"的表。表上写着"今天我做了什么深层服务"，并且做到每日一报。不仅仅是销售部门，配送部门或维修部门等，凡是与顾客接触的员工，每天都必须填写该表。

电化山口的日报表分为两种。一种是平常的营业日报表。主要记录每天上门推销的安排、商谈内容、销售情况等。还有一种就是"客服项目清单"的日报表。销售人员拜访客户的时候，除了"商谈内容"之外，我还要求他们每天填写"主动帮助顾客提供的服务"相关内容。

也就是说，分别将前面提到的"表层服务"与"深层服务"以日报表形式体现出来。"客服项目清单"就等同于深层服务的日报表。

比如，2011 年 3 月 24 日营业一科的"客服项目清单"上写着：顾客来电话说钥匙丢了，我帮他找钥匙了。一问相关销售人员，才知道当天他利用跑业务的间歇，在顾客经过的沿途寻找，最终在路边的小沟里找到了钥匙。

除此之外，还有"帮顾客清洁了电灯的灯罩""帮顾客清洁了户外灯"等等。可以看出销售人员帮顾客清洁了户内外的灯。这种清洁工作就是我们有口皆碑的深层服务。

此外，还有"帮旅行在外的顾客签收邮件""帮顾客清扫雨水管""帮顾客把玄关的鞋子摆放整齐""帮顾客修剪树枝""帮顾客修理大门"等各种各样的汇报。因为顾客中高龄者居多，因此也有因改变室内装修布局而帮顾客搬动橱柜或衣柜的。

像代顾客签收邮件这样的事，如果顾客与我们没有多年的老交情的话，是不会拜托给我们做的。唯有能向顾客提供此类的深层服务，才能称之为电化山口的一名能独当一面的员工。

"客服项目清单"开始于2000年左右。为的是彻底让员工提高服务意识。通过每天让员工填写此表，他们在向客户推销商品之余，就必须考虑"我应该为顾客做些什么"。这能够直接提高员工的服务意识。

从2000年开始一直坚持了两年半左右，我发现员工的服务意识有明显地提高。那之后该活动停止过一段时间，2010年再次继续开始。原因在于，从那时开始销售人员发生了部分人事变动，我希望员工们能不忘初心，一直为顾客提供优质服务。

工作日内每日填写提交	

<table>
<tr><td colspan="2">今天为客人做了什么？</td></tr>
<tr><td colspan="2">23年 3月 24日（周四）　　所属 1 课</td></tr>
<tr><td>氏名</td><td>深层服务</td></tr>
<tr><td>岩本</td><td>清洗传真机和电话</td></tr>
<tr><td>贵户</td><td>清洗户外照明</td></tr>
<tr><td>坂口</td><td>清洗灯罩</td></tr>
<tr><td>大谷</td><td>清洗照明设备</td></tr>
<tr><td>渡边</td><td>无</td></tr>
<tr><td>河野</td><td>打电话来说钥匙丢了，我找到并交还顾客</td></tr>
<tr><td></td><td></td></tr>
<tr><td></td><td></td></tr>
<tr><td></td><td></td></tr>
<tr><td></td><td></td></tr>
</table>

我也会每天查看这个表。如果有好的汇报，就会对该员工进行表扬，或在早会上说："河野君为客人做了这件事，这是非常好的例子，请各位向他学习。"

我认为在提高员工服务意识方面，"客服项目清单"是非常行之有效的。

●就连菜刀也能帮顾客磨

这是 2010 年 10 月发生的一件事。电化山口购买了 20 台 "磨刀器"。这并不是要在店里销售，而是提高服务水平的一项内容。

我突然想到了这个办法。让在外面跑业务的销售员带着磨刀器，在上门推销时帮顾客磨刀的话，顾客应该很高兴。把菜刀磨一下的话，会更好切。但是在平常的生活中，人们很少会想到自己买磨刀石或磨刀器来磨刀。

原本这个磨刀器是一位通过电视节目知道电化山口一直为顾客提供各式服务的社长推荐给我们的。他说："磨刀器你们既可以放在店里销售，也可以上门推销时给顾客介绍一下。"

磨刀石由人工金刚石制成，确实质量优良。但是要卖给电化山口的顾客的话，价格有些贵。

因此我决定不卖给顾客，而是由公司出资购买 20 台，让销售人员带去顾客家为顾客磨刀。我总是在思考 "如何为顾客提供服务才能让顾客满意"，并逐一实施下去。

●顾客的喜好"一天三变"

像我们这种与顾客密切接触的生意，如何准确把握顾客的购买愿望是决胜的关键所在。就在前几天，发生了这样一件事。我每天早晨 8 点到 8 点半之间到公司。那天早上，在营业开始之前店里的电话突然响了。

那种时候我都会立即接听。这时候的电话，往往是以"我家的电器坏了，请派人来修理"为由要求维修，或是顾客"突然有要买的东西"而打来的。

果然不出所料，顾客来电话询问说："家里的旧空调坏了，想买台新的。今天订货的话，什么时候能上门安装啊？"因为是 1 台空调，安装时间可以通融一下，所以我立即回答说："明天可以为您安装。"顾客听后说："那我现在就去店里买。"就这样生意立刻就做成了。

众所周知，顾客的需求可谓"十人十样"，各有不同。但我认为应该是"十人三十样"。为什么这么说？是因为顾客的需求在早、中、晚不同的时间段一天三变也不足为奇。

据销售人员的汇报，我经常能听到顾客的需求一天三变的例子。

比如说，上午拜访了某位顾客，当时他毫无购买愿望，而且态度也不太好。销售人员判断"今天似乎推销不出去"，便早早告辞离开。不料到了下午，顾客却来电话说："能否把电视机的产品目录带给我看看。"

于是销售人员火速赶往顾客家中，听顾客面带微笑地解释后才知道是因为"下周末孙子要来家里住几天"。机会难得，所以想把客厅的电视机换成新的。于是，这笔生意就做成了。

销售人员要尽可能地待在顾客身边，抓住顾客"想购买"的一瞬间。这就是电化山口的营销方法。因此，不仅是顾客的家庭成员构成，家中的布局情况等与顾客有关的情况都有必要提前了解。

当然，抓住了顾客的购买意愿，也未必能立即做成生意，但是要把像我们这样与顾客密切接触的生意一直做下去的话，就必须对顾客内心的变化、微妙的心理变得敏感起来才行。

●先行一步，抓住顾客的潜在需求

如果对顾客内心活动变得敏感，就可以使用如下的推销方法。

顾客：那么，我把那台电视买下来吧。但是不能一次性付款。

销售员：没关系的，我来帮您算一下。

顾客：其实我还想买蓝光录音机，但是下次再说吧。

销售员：这样啊。

（计算结束）

销售员：每月付1万2000日元，刚好两年付清。您觉得怎么样？

顾客：哦，好像也不多啊。每月1万出头的话还是可以承受的。

销售员：很快就能付清的。

顾客：如果旧电视能折旧换新的话，我就买了。

销售员：谢谢。

顾客：电视机的分期付款还完之后我就买蓝光录音机。

销售员：您放心好了，刚才计算的金额中已经包含了买蓝光录音机的钱了。

顾客：什么？是真的吗？电化山口的销售真会做生意啊！那么，就按你说的办吧。

销售员：俗话说，越早享受越划算。我马上给您送货。

顾客是真的想买蓝光录音机的。但是因为预算有限，就决定先买电视机。在这种情况下，销售人员就应该敏感起来。悄悄帮顾客算出包含蓝光录音机在内的还款方案，可谓是给顾客带来了一个小小的惊喜。

前几天，在电化山口购买洗衣机的家庭也是，发生了类似上面例子的事情。

顾客小声嘀咕说："这样的话电视机就暂时买不成了。"因为他夫人买了洗衣机，而丈夫想买电视机。所以他才那么小声自言自语。

销售人员将这句话听在耳里记在心里。在向顾客说明每月分期付款的金额时，把买电视机的钱也算了进去。顾客听到金额后放心地说："哦，好像每月的还款额也不是很多。"销售人员不愧是经验丰富，便趁机说出实情："这个金额中也包含了电视机的部分。刚才因为您提到了电视机，所以我就试着计算了一下。每月支付1万多日元，两年就可以全部付清。洗衣机和电视机一起购买，您觉得怎么样?"

上述方法得以通用，正是因为与顾客建立了良好的信赖关系。这种时候顾客就会想："这样的话连电视机也一起买了吧。多谢电化山口。"想买电视机的丈夫也能满意而归。

得到顾客好评的销售人员，我会在每周五的早会上公布并加以表扬。并冠以"山口模式""福地模式"等销售员的名字并做成奖状，贴在办公室门口，这对当事人也是一种鼓励。

此类营销模式之所以能行得通，是因为顾客的支付方式中，信用卡支付比例占到了57%～60%。在一般的家电量贩店，信用卡支付在15%～20%都会被认为比例过高。用信用卡支付的话，在生意谈成后付款会非常顺利，也省去了曾经因顾客"发奖金后再付钱"而赊账购买后的货款回收的麻烦。

因此，迄今为止我一直致力于有意识地提高用信用卡付款的顾客比例。这么做不仅在资金周转方面毫无压力，而且在给顾客提供购买方案时可选择的范围也更广泛了。

比如，对于现在每月仍在还款的顾客，他又想再买新家电时，就可以建议他，月还款金额不变，只要增加还款期数即可。

●冰箱在原本卖不出去的冬季里也能卖得很好

一直坚持上门推销，就会掌握顾客很多意想不到的需求。

在电化山口，"促销冰箱"的活动一直持续做了近30年。每年的1月和2月，一般来说是冰箱的销售淡季。但是，这段期间内冰箱在电化山口每年的固定销售量在150~200台，成了冬季销售的经典产品。

契机出现在1982年。当时索尼公司在报纸上用大标题登了一则关于录像机的广告，上面写着："磁带录像机（VTR）真的会退出历史舞台吗"。这是受到VHS（VHS是JVC公司在1976年开发的一种家用录像系统。——译者注）冲击的、来自磁带录像机阵营试图扭转局面的逆袭广告。广告上写着"答案当然是'不'"。

我觉得这则广告的创意很好，所以至今记忆犹新。首先自己先提出一个否定式的提问"磁带录像机（VTR）真的会退出历史舞台吗"，然后再回答"当然不会"。虽说最终磁带录像机退出了历史舞台，但是我思考着能否将这种逆向思维模式应用到某些方面。

那时，我想到的就是"冬季销售冰箱"的主意。当时业界的共识就是，冰箱在夏季卖得好，在冬季卖得不好。因为气温低所以没有必要冷冻食材，顾客自然也就不会产生买新冰箱的想法。

在冬季销售冰箱，这一定是任何人都想不到的逆向思维。

电化山口的冰箱销售广告。提出"为什么在1～2月买冰箱会更便宜"的问题，然后强调冰箱在冬季进价较低，因此冬季购买更划算。

而且，我们上门推销时发现，即使是在冬天顾客也有充足的理由买冰箱。年末年初，圣诞节、新年等各种节日紧挨在一起；新年期间食品超市等食品零售店都关门歇业；还有就是，忙碌了一年的家庭主妇想在新年期间不做饭好好休息休息。

所以，在此期间家里的冰箱往往会塞得很满。在冬天，也会听见主妇抱怨："我家的冰箱太小了，一到年末年初就因为冰箱塞不下而发愁。"听到了客户的心声，我们明白了冬季也有购买冰箱的潜在需求。

而且冬季冰箱的进货价会更低。厂家经过了冰箱销售旺季的夏季后，都会有库存积压。如果一次进货 100~200 台的话，对厂家来说也是好事。因此也能拿到便宜很多的批发价。

了解此情况的我心里盘算着"冬天卖冰箱应该可行"，便迅速着手实施。

我制作了标题为"为什么在 1~2 月买冰箱会更便宜"的宣传广告单。并在回答一栏这样写道：因为冬天是冰箱销售的淡季，价格会更便宜。机会难得，电化山口想建议熟客现在购买冰箱。

于是就尝试着做了，结果冰箱销量大增。

通过这件事，我明白了"做任何事都必须先抛弃成见"。

●诚实地把滞销的实情告诉顾客

现在，家电量贩店的销售情况都不景气。最大的原因就是电视机的销量不佳。多年以来，电视机一直是家电量贩店的业绩支柱、销售冠军。但是，由于 2011 年 7 月模拟电视全部转为使用微波的数字电视，电视机需求量在突然猛增之后，又一下子陷入了销售寒冬。

电化山口也不例外，电视机卖不动了。

并且，寄希望空调能大卖的 2011 年也因当年夏天气候凉爽而未能实现目标销量。

该如何是好呢？公司全体员工集思广益，想出了一个办法，就是给顾客寄一封名叫"真心话"的信件。信件使用 A4 纸，内容如下：

"平日承蒙关照，十分感谢。今年夏天，天气忽热忽凉，十分多变。电化山口组织的空调货源原本预计在 8 月之前就能销售一空，现在还有 48 台没有售出。9 月是电化山口的上半年财务决算期。（日本企业一般将 4 月视为一年的开始。——译者注）我们想把滞销的空调降价处理，决定将松下 3 种机型的空调在门店价的基础上再优惠 5 万日元。如果您有需要，请一定不要错过良机。此外，购物另有纪念品赠送。"

我们诚实地把滞销的事实告诉顾客，以寻求顾客的帮助。

信件一寄出去，居然收到了意想不到的反响。2011 年

9 月预估的空调销售业绩是 50 台，实际卖出了 80 台。而高温不下的 2010 年 9 月的销售业绩是 70 台，因此可以断言，"真心话"信件起了很大作用。受此启发，电化山口开始尝试用同样的方法销售电视机。

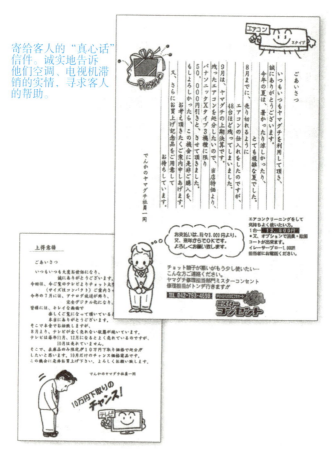

寄给客人的"真心话"信件。诚实地告诉他们空调、电视机滞销的实情，寻求客人的帮助。

顾客得知电化山口的困难后，就会产生"也算我一个，我也来帮你们"的想法。我想这正是因为电化山口平时重视维护客户关系的缘故。在此我们向顾客表达深深的感谢之情。

有困难的时候，我们只能请顾客帮忙。我再次痛感，做生意最重要的就是要诚实。

●斑马车的秘密

电化山口的销售车外表涂成了斑马纹。不仅如此，店铺的外观也采用了斑马纹。

这是因为，我想让看到山口销售车的人一眼就能认出"那是电化山口的车"，所以才把车涂成醒目的斑马纹。

山口销售车的斑马纹与真正斑马的纹路作用似乎刚好相反。为什么斑马会长有黑白纵条纹？对此好像并没有明确的结论。有说服力的说法认为，草原上的食肉动物在捕猎时，黑白条纹可以保护斑马不被捕食。在非洲大草原中，隐藏在草丛中的黑白斑马纹起到了迷彩的作用，让天敌难以发现自己。

电化山口的销售车是斑马纹的。目的是为了"在街上更显眼"。

　　而且对于狮子等肉食动物来说，它们眼中的斑马群看起来宛如一个整体的、巨大的黑白条纹的动物。每只斑马的轮廓因黑白条纹的干扰，很难分辨清楚。而且，据说还能让对方失去正确的距离判断。对于斑马来说，它身上的条纹增加了它的生存几率。

　　但是，在城市里就恰恰相反。斑马纹会非常醒目。

　　销售车在街上跑着，就会有顾客注意到这是电化山口的车。顾客经常也会提出"可以把我捎到那边去吗"，要求搭顺风车。

　　销售车上总是常备电灯泡、荧光灯、电池等易耗物品和一些工具。为的是，一旦接到顾客"我家的电灯泡坏了"之类的电话，就能立即奔赴现场为顾客更换。

所以每天都能看见斑马车充满活力地行驶在东京町田市内。

●您的优惠券有没有成为一种负担？

电化山口不发行积分卡，仅仅发行优惠券或者集点卡。

优惠券在电化山口被称为"心意券"。发行对象为下雨天来店的顾客，上面印有"下雨天专程来店里，十分感谢"的感谢语。该券在购物时可以冲抵 100 日元。

集点卡是顾客来店一次盖一个章，集满三个章就可以冲抵 100 日元。

之所以设计为盖三个章就可以兑换使用，是因为考虑到顾客的方便。必须集满几十个印章的集点卡，我认为几乎没有什么效果。在印章集满之前，必须要一直装在钱包里。这对顾客来说是个很大的负担。

印章数量设置在多少个才不会构成顾客的负担呢？考虑很久，我觉得 5 个都嫌太多了。话说回来，4 个的话也是不上不下。因此我们设置为 3 个。

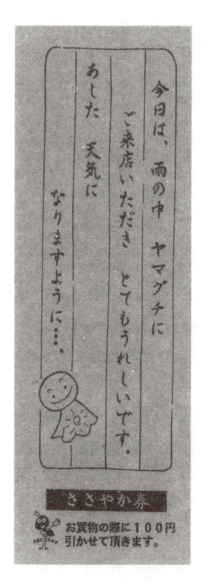

给下雨天来店的客人赠送"心意券"。1张是100日元，可一次使用多张。

而且，与其他店铺的优惠券或集点卡不同，电化山口的优惠券没有使用期限。而且可以一次使用多张。如有结余，还会给客户找零。

我认为，既然优惠券是提高顾客满意度的手段，那么就要站在顾客的立场，让顾客使用方便才行。

●安全确认也是我们的服务之一

电化山口因为上门服务才能做到的一项不寻常的服务就是，电器产品的安全确认。也就是说，检查顾客对家电的使用方法是否正确。

比如，顾客想加长电线时，电化山口不使用延长线和电插板，而是把不用的电线用剪刀剪下来一截，与原来的电线撮合在一起，以加长电线。电线的接头处用绝缘胶布缠好就没问题了。

电饭锅、电暖器、自然冷媒热泵式电热水器等电器，在短时间内会有大量电流产生，若不使用高品质的电线就会发生危险。

还有因为天气寒冷在浴室也使用电暖器的顾客。

除了这种极端的例子，还有的顾客觉得电线散落一团，有碍美观，便将电线折叠起来，用绳子牢牢扎紧。殊不知，电线里的金属线因弯曲而受损，这着实是种危险的行为。

此外，用接线板连接墙上的插座时，顾客有时会用钉子或 U 型钉固定电线，这么做会损坏电线外部的绝缘覆盖层，使电线内部受损，可能会导致电器发热或燃烧。

上面举的例子，大多都是顾客的主观经验"这样应该没问题"，掉以轻心才导致的。比如一个细节问题，有顾客在墙上插座的下面放置自然冷媒热泵式电热水器，于是电热水器产生的蒸汽就会附着在插座上，这是非常不安全的行为。

如果看到顾客家里有此类安全隐患，虽然会显得爱管闲事，但是我们会建议顾客更换使用方法，以确保安全使用电器。

在 2009 年，电化山口作为积极致力于产品安全的企业，荣获"产品安全对策优良企业"的称号。

●顾客如果没有来店的理由，制造一个不就行了？

电化山口店铺外面的广告牌上，印着这样的文字和图标：

"到店里来喝杯咖啡，休息一下吧。（免费）"

"突然下雨了怎么办？我们为您准备了伞。"

"突然身体不舒服？我们这里有急救药，洗手间也请随便用。"

"没有零钱？请到店里来换零钱。"

"忘记带手机了？店里的电话请随便用。"

"店里有 AED 设备（自动体外除颤器）。"

电化山口的店铺位于东京町田市一条名叫町田大道的主干道上。但是，虽说是主干道却因为是单行道而经常堵车，而且离车站也有一段距离。从车站坐公交也要 10 分钟才能到。

咖啡、免费借伞、救急药、洗手间、换零钱、打电话、AED……轻松随意地为顾客创造来店机会。

　　因此，电化山口的地理位置很难说是能让顾客随意地顺道来逛的。

　　无论是什么契机都无所谓，只要顾客能来就行，我心里这样期盼着，并为此想了很多办法。于是，就想到了在店门口宣传"我们提供如下服务"。

无论顾客来不来店里，停车场和卫生间都对他们开放。最近，诸如便利店那样为顾客提供洗手间的商家也多了起来。但是，在电化山口这样的服务已经持续了30多年。

怎样才能吸引顾客上门？既然店铺的地理位置不好，就必须要绞尽脑汁制造顾客来店的动机。

光是傻等的话顾客是不会来的。

商家必须主动制造顾客的来店动机。我认为这是地理位置不好的店铺必须要考虑的问题。

●想方设法让顾客在店里感到轻松自在

电化山口的店铺里既卖大米、水、方便面这样的快餐食品，也卖海苔、茶等杂货。还卖我写的书，所以现在这本应该也会在店里出售。

电化山口销售的商品种类或许会让您不禁发问："这真的是电器店吗？"

其实，这也是为了吸引顾客顺道来店里逛而想出的办法。店里搞活动顾客来领赠品的时候，为了不让顾客感到

"光领个赠品就回去的话，会觉得不好意思"，因此也在店里售卖一些顾客能够轻松购买的小商品。我的用意就在于此。

不给顾客施加心理负担，这是与顾客打交道的基本要求。

我自己也有亲身体验，去百货商店买东西，总觉得不能身心放松地逛。心里总是担心，若什么都不买的话，店员会不会主动来推荐。

因此，想慢慢逛的顾客有时会专门先买些小物品再逛。手里提着已经购买的商品再逛的话，就可以不用介意店员的眼光尽情地逛了。这也是一种生活智慧啊！

电化山口无论如何都想让来店里的顾客感到轻松自在。因此我会对员工这么说："在顾客的视线范围内，请注意不要有 2 名以上的店员出现。" 为了不进入顾客的视线内，店员会多加注意并随时调整自己站立的位置。顾客都很反感自己的动向被店员监视，心里会想："这家店真让人不舒服，赶紧离开这里。"

不让顾客感受到店员盯梢的目光，顾客在店里时要尽可能让他感到放松，延长其逗留时间。

购买行为与逗留时间的长短密切相关。

有资料显示，就算在一般的小商店，比起什么也不买就离开的顾客，购物的顾客逗留的时间会更长。电化山口也是如此，购物的顾客会逗留 15 分钟以上。逗留这么长时间，是因为顾客经常会在店里边喝茶边聊天。

因此，请来电化山口喝杯茶，我们热烈欢迎！

在电化山口，大型电视机的旁边及店内的各处均设有谈话用的桌椅。桌子上一定备有糖果等点心。顾客一落座就会有咖啡或茶呈上。租用咖啡机虽然要花钱，但是若把此项花费当作是业务经费的话还是不贵的。

如何才能让顾客感到放松，是值得认真思考的要点。

●用"两根绳子"建立起与顾客的联系

我经常被问到这样的问题："像电化山口这样销售人员与客户密切接触的企业，如果员工辞职了该怎么办呢？顾客会不会流失？"

在美容美发等行业，经常会听到这样的例子，美容师或发型师辞职的话，顾客也会跟着他去别的店。

这种时候，我总是这么回答：

"我平时就尽量做到用两根绳子建立起与顾客的联系。"

1 根是连接销售人员与顾客的绳子。

另外 1 根就是连接企业与顾客的绳子。

销售人员每月到顾客家中拜访的目的就是为了加深联系。但是公司这一方也会定期向顾客邮寄店内活动的邀请函等直邮广告，用另外一种形式建立与顾客的联系。因为一直持续向顾客邮寄直邮广告，所以和顾客的联系是无法切断的。请新的销售人员接手负责时，便能很好地完成客户服务的交接。

本来电化山口的离职率就不高。除了退休或者因家庭情况无论如何必须辞职之外，几乎没有要辞职的。即便如此，我也一直有意识地用两根绳子建立起与顾客的联系。

●电化山口"不卖什么"和"卖什么"

电化山口不涉及的商品有两种，那就是电脑和手机。松下的产品类别中当然也有电脑和手机，但是电化山口不销售这两种商品。曾经也销售过一段时间，后来就停止了。

理由很简单，就是因为不赚钱。电脑和手机的价格竞争非常激烈，而且售后服务也非常麻烦。电脑、手机产生的"死机"之类的故障比例，也远远高于冰箱等白色家电。

虽说电视机的操作现在也越来越复杂了，但是不像电脑那样要求很高的专业知识。

从费工夫和薄利润两方面考虑，我认为电脑"不适合电化山口销售"，于是放弃了。

手机也是一样。我判断就算电化山口卖手机也赚不到钱。

毋庸置疑，原本对于顾客来说，商家提供的产品覆盖面越广越好。但是，商家负担过大的话就另当别论了。不按照自己的实力销售商品的话，对商家和顾客都没有好处。

另外一方面，电化山口也出售毛利率低的商品，数码相机就是这种商品。数码相机在量贩店的价格战十分激烈，原本厂家设定的批发价就很贵，就连"高价销售"的电化山口也只能在批发价的基础上加上微薄的毛利润来销售。

原本来说，数码相机对于电化山口来说是不赚钱的商品，销售数量也远不如电视机多。但即便如此，应顾客的要求还是决定销售数码相机。有顾客说"平时一直受电化山口关照"或者"我很喜欢松下的数码相机，想买一台"

而要求我们销售数码相机。顾客的心声还是很重要的。

数码相机与电脑、手机不同，操作很简单，而且发生故障的几率也小很多。不需要花太多精力去搞售后服务，不会对一线销售人员造成太大的负担。所以就算销售这样的低毛利商品也不会有太多的不利。

●把顾客说的"请给我便宜点"当成是"问候语"

若被顾客要求说"再给我便宜点吧"，你有没有觉得心里一惊。这种情况，应该如何应对呢？

我经常对员工说："把顾客说的'给我便宜点吧'权当成是'问候语'就好。"起初，在我做生意之前，我就想过如被顾客要求"给我便宜点吧"，该怎么办？

后来我意识到"给我便宜一点"就是一种问候语。就好比，"你好""今天真热啊""好冷啊""你上哪里去啊""再见"之类。我认为"给我便宜点吧"的意思与上述问候语并无区别。

因为是电化山口的顾客，所以应该知道我们的售价高。因此并没有在心里认为"价格若不比量贩店便宜的话我就不买"。充其量也就是一个谈话的开端，想试探一下我们的诚意。因此只要回答"我们会竭尽全力为您服务"，然后认真地制作出报价单交给顾客即可。

当然，也有的顾客连 1 日元也会很在意。太在意价格的顾客，很难具体说有什么特征，但是还是能感觉出来的。对于这样的顾客，我们没有必要拒绝，但也没有必要紧追不舍。

电化山口价格虽然贵，但是服务特别好。我们只和明白这一点的顾客打交道即可。

●越是业绩不好的时候越需要用"社内吉尼斯"来鼓舞士气

电化山口在每年 5~7 月都会开展激励销售的活动。这是因为春季的新生活需求告一段落，5~7 月的销售业绩处于低迷期。在此期间作为销售强心剂而开展的，就是此项活动。

活动期间将"销售额"，也就是目标毛利润分配给各个销售人员，完成任务者奖励去海外旅行。大体来说，平均每 2 人中有会 1 人完成销售任务。

除此之外，电化山口还会不定期举行"社内吉尼斯"的活动。比如，"太阳能发电""自然冷媒热泵式电热水器"等目标商品销量领先的销售员，对其颁发奖金。我一直将此类活动设计成略带游戏性质的挑战性活动。

另外，能连续几天做到每天都能卖出冰箱或空调，让员工竞争持续卖出商品的天数长短。比如，在2012年年初的冰箱促销节期间，每周卖出2~3台的销售记录被打破，诞生了"连续9天每天都有冰箱售出"的新纪录。电化山口将这样的记录作为"社内吉尼斯"予以表彰。

我认为，越是公司业绩不好的时候就越需要这样的销售业绩奖励。因为销售情况良好时，员工的干劲自然会高涨。相反，在销售业绩低迷时，员工的士气会随之低落，反倒更容易陷入业绩继续下滑的恶性循环。鼓舞低落士气的有效做法就是，发放销售奖金。

或许有人会说："公司没钱发奖金。"那么就尝试削减广告宣传等费用，业绩就算不好也总能挤出来一点奖金吧。

举办此类社内吉尼斯活动，也是让员工相互取长补短、共同学习成功销售案例的大好机会。比如，在活动中销售太阳能发电设备与电磁炉这两种属于完全不同领域的商品，可以让员工学习到自己不擅长领域的商品销售方法。

完成销售任务之后，奖金按照"现金、当场、当天"的原则发放。这种方法看似简单，对员工的影响却是其他方法无可比拟的。

●以"个人形象慰问金"的形式回馈员工

我每年会接受几十次演讲的邀请，当然会得到演讲的酬劳。而电器店的本行之外赚到的钱，我一般都会以公司名义存起来。

存起来的这笔钱，会在每年的年底回馈给员工。当然，这与决算奖金是两回事。

我个人来说并不需要太多钱，这不是我谦虚或者其他原因，每周能去酒馆喝一次酒我就真的心满意足了。兴趣爱好除了钓鱼别无其他，所以并不需要太多的钱在实质上。

这种副业的钱，与电化山口本行赚到的钱在实质上是一样的。因为都是员工赚来的。

因此存到公司名下即可。

在年底向员工发放此奖金以示感谢的同时，我会附加一个条件。

那就是，希望他们把钱用在打造"个人形象"方面。销售人员的工作性质是与顾客打交道，所以必须注意自己的个人形象。因此，我呼吁他们不要把这笔钱花在生活开销上，而是购买衬衫、领带等服饰，将钱花在打造良好的个人形象上。

因此，我把这笔奖金称作"个人形象慰问金"。

● "道谢"与"道歉"中的商机

我认为"道谢与道歉是社长的工作之一"，所以会给顾客写感谢信。电化山口一直做到，给消费金额在 1 万日元以上的顾客寄送写有感谢话语的明信片。因为我认为，公司的社长直接向顾客表达谢意是很重要的。

对于顾客来说，收到致谢的明信片一定也很高兴。这是因为我自己收到致谢的明信片也会很感动。

这源自我因外出演讲住在鹿儿岛的商务酒店时的事。住宿费是 5000 日元，包括房间内的洗漱用品和早餐。除去床单的洗涤费，利润估计在 4000 日元左右。即便如此，我也收到了酒店的感谢信。下次去鹿儿岛时我还想住在那里。因为经费的关系，电化山口只对消费在 1 万日元以上的顾客寄感谢信，看来电化山口做的还远远不够。

通过写感谢信来表达谢意的做法，就像是抓住顾客的心的一根绳子。而且，事实上与"道谢"截然相反的"道歉"也有同样效果，也可以成为获得顾客青睐的契机。

我在处理顾客对员工的投诉时，总是说："批评你的顾客是下次还会来惠顾的顾客，所以一定要发自内心地道歉。"最可怕的是什么也不说的顾客，因为这样的顾客不会再惠顾我们。

肯批评你的顾客，倒不如说是值得感激的顾客。因此我一直教育员工，在收到顾客投诉后，应该对顾客这么说："我很庆幸，A 顾客您能指出我的疏漏之处。"我认为，这么做顾客"才会与我们坦诚相待"。

●电化山口的营销方法也受到了中国的关注

电化山口仅在东京町田市营业，可谓是一家区域性极强的家电销售店。但是从 2010 年开始，电化山口的营销方法不仅受到日本甚至还有国外的关注。

最近，我受中国大型家电制造商海尔集团的邀请前去做讲座。海尔这个品牌，我想现在在日本也有一定知名度，它是以生产白色家电著称的中国大型家电生产商。

海尔集团想请我在海尔区域销售店的培训会上做讲座，传授电化山口的销售经验和做法。

我抱着轻松的心情答应了这项工作，谁知到现场一看，却被其规模所震惊。我到访的是青岛和上海两地，听众分别有 600 人左右，合计约 1200 人。

参加者大多是附近城市的家电销售店的社长或店长。因为讲座需要通过翻译进行，我花了 2 个小时讲话，翻译花费了 2 个小时，讲座时间达 4 个小时之久。一方面，我为海尔集团向日本的小规模区域店学习的热情所感动；另一方面，也为中国家电行业的巨大规模所震惊。

海尔集团的某位高层说，近几年家电区域销售网的规模在急速扩大。在此背景之下，海尔试图规避被流通领域夺取定价权的风险。

在日本，首先是像电化山口这样的，销售品牌系列电器的区域销售店先形成规模，然后是量贩店的大规模发展。

其结果就是，价格决定权被掌握在大规模的量贩店手中，生产商赚不到什么钱。据海尔的高层领导说，他曾经认真地学过日本家电销售的历史过程。而且，为了不重蹈覆辙，提前整备好区域销售网，建立起不输给量贩店的销售体制。为了寻找适合此类销售体制的销售方法，他们关注到了电化山口。

在那次讲演时，我阐述了自己一贯坚持的观点。我们这样的区域店的生存之道在于，"站在顾客立场上"的店铺营销及无微不至的客户服务。

在中国，消费者的需求尚处在旺盛期，听说销售方还存在着"我卖给你是看得起你"这样"高高在上"的想法。

因此销售店还没有形成一种让客户待得舒适、容易商谈的商业气氛。我在视察的店铺中发现，有的连卫生保洁都做得不完善，有的没有设置专门的商谈空间。

但是在不远的将来，相信中国市场也会像日本一样走向成熟，服务意识不高的店铺终将会被淘汰。

第 **3** 章

商品卖出去之后，
生意才刚刚开始

● 每周都举行活动

对于电化山口来说，每周末实施活动对维系客户关系来说是不可缺少的要素。并不是顾客购买 1 次后就再无联系，而是通过每周末的活动让顾客经常来电化山口，加深与顾客的联系。

这便是能说出"家电全部从电化山口购买"的"忠实顾客"增加的原因。

搞活动的目的有 3 个：首先是让顾客高兴。这是首要目的；其次是返利给顾客。将平时公司赚的一部分利润回馈给顾客；最后就是促进销售。与上门的顾客进行商谈，让顾客购买新商品。

因为是做生意，所以搞活动也需要和促销相挂钩，但是活动的定位毕竟是要让顾客高兴。因为如果光考虑卖东西的话，就会疏忽"如何让顾客高兴"这件事了。

"商品卖出去之后，生意才刚刚开始"，这句话是很有道理的。

活动内容是以每月推新的方式在举行。比如 9 月是

"秋刀鱼美食节"。在店里请顾客无限量品尝烤好的秋刀鱼，顾客想吃多少就吃多少，回去时我们还奉送 2 条秋刀鱼作为礼物。在无限量品尝美食的活动中，曾经有位 40 多岁的女性吃了 8 条秋刀鱼。正因为有这样的顾客在，我们的活动才会热闹起来。

最近，电化山口在每年 1~2 月会向顾客发虾夷鹿的鹿肉（又称北海道梅花鹿。——译者注）。在北海道，为了自然生态平衡会定期驱逐虾夷鹿，其中一部分作为食用肉上市销售。但是听说鹿肉不常见，所以不太好卖。

因此我就从熟人那里便宜进了一批鹿肉，做成 500 克的真空包装发给顾客们。

当然东京人没有吃鹿肉的习惯，会有"肉质硬"或者"有膻味"等成见，我也在担心顾客会不会不喜欢。但是在店里用盐和胡椒烹调后，请顾客品尝后反映说味道不错，现在顾客都很乐意将我们准备的鹿肉带回家。于是也成了大受欢迎的活动。

活动的内容每月都不同，每年必须举行的有：5 月的"创业纪念活动"、6 月的"鲣鱼美食节"、9 月的"秋刀鱼美食节"、11 月的"男爵马铃薯节"。5 月的创业纪念活动中我们会给顾客发芝士蛋糕。

电化山口的年度活动安排

1~2 月 虾夷鹿肉美食节

3 月 扇贝美食节

4 月 酱菜美食节

5 月 创业纪念活动（蛋糕）

6 月 鲣鱼美食节

7 月 鸡蛋美食节

8 月 鳗鱼美食节

9 月 秋刀鱼美食节

10 月 菠萝果汁美食节

11 月 男爵马铃薯美食节

12 月 鸡腿美食节、跨年荞麦面美食节

●夫妇共同来店享受双倍礼遇

电化山口最早开始搞活动是 1979 年的事了。契机就是想着"将顾客平时的厚爱通过活动回馈给顾客"。正好有熟人种了一批北海道男爵马铃薯，可以从他那里便宜进货，想着要分给顾客，便企划了"北海道男爵马铃薯"的活动。从那以后，每年实施，至今已有 34 年了。

举行北海道男爵马铃薯的活动时，如果夫妇二人共同来店，会赠送给丈夫 2 公斤男爵马铃薯，赠送给妻子 2 公斤洋葱，合计赠送 4 公斤。如果单独一个人来店的话，我们会赠送 2 公斤男爵马铃薯或者 2 公斤洋葱。11 月的一个月期间大约有 2000 户家庭到店里来参加活动，马铃薯和洋葱的进货量分别达到了 4~5 吨。

以北海道男爵马铃薯为契机，我们企划了各种各样的活动。曾经还举行过"金枪鱼现场解剖表演"的活动。在店里将一整条金枪鱼解剖开来请顾客品尝。后来因为金枪鱼价格过高就没有再继续此活动，但曾经也是很受欢迎的活动。

礼物的采购是我的工作。钓鱼是我唯一的兴趣爱好，所以我在很多港口都有认识的渔民。通过熟人可以进到便宜的货。鲣鱼我每次会进 1500 条左右。在市场价格低的时候买进，进行冷冻保存。

礼物以食品为主这一点也体现了我的性格。我认为送给顾客的礼物还是转瞬即逝的东西为好。也有人会认为，印有电化山口社名的能永久保存的赠品会更好。但是这样总会有种以恩人自居、让人不自在的感觉。会让顾客感到不舒服。为了感谢顾客平日的惠顾，给他们赠送美味的食品，吃完就了事。我认为这种干净利落的关系最好。

我将礼物发放规则设置为夫妇二人一起来店领取会更划算。这是因为夫妇二人一起来的话对电化山口也有好处。

如果妻子一个人来的话，比如向她推荐冰箱或电磁炉时，即便本人有强烈购买欲望，也会容易保留意见地说："还是先问问丈夫的意见吧。"但如果夫妇二人同时在场的话，二人中总有一人掌握着决定权，生意也容易当场谈成。电化山口的营销方法中，和夫妇二人一起商量的占绝大多数，而且也更容易把电器卖出去。

以夫妇二人为对象进行推销的话，在某种程度上熟识之后，就会有这样的例子。

在商谈中，夫妇二人中的一方会发出"请你帮我说服他（她）"的信号。比如，"我想买电视机，但是我妻子反对，所以请帮我说服她""我想买台冰箱，但是孩子他爸反对，所以请帮我劝劝他"等。找到此类机会后，销售人员就会帮助想购买的一方来说服对方。

电化山口非常欢迎夫妇二人一起来店里。因此电化山口为了吸引夫妇二人能一起来，在举办活动时也是花了一番心思的。

在举行活动时，我们会在店铺的出入口处支起帐篷，售卖水果。这些水果都是电化山口自己进货销售的。夏天卖西瓜，秋天卖葡萄或梨，冬天卖桔子。桔子到了季节，周六日卖出 100 箱甚至 200 箱都是不足为奇的。也有卖过 300 箱的时候。销售量堪比相当规模的水果店。这是当初为把活动办得热闹些而想到的办法，没想到效果出乎意料地好。

●给顾客寄邀请函也需要花一番心思

如何给顾客寄邀请函我们也是下了一番工夫的。一旦开始搞活动，如果顾客一下子蜂拥而至的话店里也是无力接待的。

活动是每月举行，大约每 4~5 周换一次。活动邀请函的寄送采用"以营销团队为单位"的方法。电化山口上门推销的营业队伍有 2 个，分别是营业 1 科和营业 2 科。每一个营业科下面又分 3 个团队。所以营业 1 科和营业 2 科共计有 6 个团队。再加上店铺内的 3 个团队，总共可以分为 9 个营业团队。

给顾客寄邀请函的时候，将这 9 个团队所负责的顾客按周分类依次寄送。上门推销的队伍中，每个团队都以队长的名字进行了命名，比如"这周给河野团队负责的顾客寄邀请函，下周给福地团队的顾客寄"。

给顾客寄出了邀请函的团队队长会在顾客来的周六日在店里等候，负责接待。顾客平时就熟悉的销售人员在场的话，对顾客来说也容易放松，也会感到放心。别的团队的销售人员则和平时一样上门拜访客户就可以了。

●邀请函就是礼物兑换券

现在我们寄给顾客的直邮广告信封本身就兼做礼物兑换券。这是为了防止顾客不看信件内容就将其丢弃而想到的对策。以前也尝试过将透明的塑料袋当作信封，让顾客能一眼看见里面的兑换券。用透明塑料袋做信封的方法，现在也经常看见，不过电化山口从30多年前就开始这么做了。

当初为了让邮局认可透明信封确实费了一番波折。邮局方认为没有使用透明信封的先例，所以拒绝了好多次。经过反复沟通，才同意"仅限在町田市内使用透明信封"，这件事至今记忆犹新。

除此之外，还有将邀请函放在"罐头"里寄出的做法。电化山口的店铺位置并不是在人来人往的地方。虽然开罐头不太方便，但是正因为想知道里面装了什么才会打开看看。不动脑筋顾客是不会上门来的，所以店家就要多想办法让顾客来。

顾客收到邀请函的反应也因活动内容而各有不同。

反应最好的是 11 月的北海道马铃薯活动，收到邀请函的顾客中有 25~30% 来店里参加了。如果按给 6000 户寄送邀请函来算的话，其中大约有 2000 户左右来店里参加了活动。

活动的邀请函并非是给电化山口所有的顾客都寄。鲣鱼或北海道马铃薯等动，就只给电化山口的"信用卡会员"寄送邀请函。

电化山口的顾客共有 1 万 6000 户，其中不到 6 成为信用卡会员。这些信用卡会员每年缴纳 2780 日元的会费，即可不用现金只用签名来进行购物。

在此基础之上，还可享受松下品牌产品全部 5 年保修、当天上门维修（限每天下午 4 点前报修客户）、家电产品安全保险（因火灾等导致家电受损时最高赔付 20 万日元）等 5 大优惠措施。

用直邮信件寄给客人的活动邀请函。这个信封本身就是礼品兑换券。

1. 全部 5 年保修；

2. 当天上门维修；

3. 家电产品安心保险；

4. 特别积分；

5. 不用现金，签名即可

在商谈交易时就算没有带现金，只要签名就能完成签约，用月供方式购买的顾客，对于电化山口来说是特别的顾客。因此，电化山口尽量做到通过特别的活动面向会员提供丰厚的回馈。

●如何让顾客进到店里来也需花一番工夫

举行活动让顾客开心这是第一目的所在。这一点，我之前也已经进行了说明。但我是做生意的，尽可能地想把活动这个第三目的也与赚钱联系起来，这也是实话。特别对于负责店内销售的店员来说，活动期间会有大量的顾客上门来，这是千载难逢的好机会，所以不想放过这个好机会。

在店门口领了赠品却不进店、立刻就回去的顾客也不少。但是，为了提升电化山口的销售额，我想尽可能让顾客进到店里来看看。因此，顾客来的时候，我让负责该顾客的销售员到门口迎接。

来店时顾客会带着邀请函来。这个邀请函也兼做礼物兑换券，我便在这个礼物兑换券上下了一番工夫。

我们在邀请函的收件人地址下面标上数字。这个数字是电化山口的员工工号。比如说，拿着写有 4 号数字的邀请函的顾客来的话，就由 4 号的熊泽茂店长负责。因此在店门口，前台接待用麦克风说，"4 号顾客来了"，通过店内广播进行通知。于是，熊泽店长即使在店内，也知道自己负责的顾客来了。

因此，负责人会到门口去迎接并招呼说："○○顾客，谢谢您来参加活动。机会难得，到店里喝杯茶怎么样啊？"将顾客带进店里。

以"我只是来领取赠品的"为理由，不进店的顾客也很多。那种时候便不必强求。毕竟我们的第一目的是让顾客高兴。来领取赠品的顾客中有一部分肯到店里来。在这些顾客中谈成买卖就可以了。

销售人员与顾客都很熟悉，一般都会得到诸如"这家的洗衣机已经很旧了"这样的信息。更进一步利用摆放在店里收银台旁边的电脑搜索一下客户台账资料的话，就立刻会明白顾客何时在电化山口购买过何物。销售人员会根据这些信息，对顾客进行推销。

●店铺销售不能被动地等待顾客

在活动中，各种各样的顾客会到店里来。上门推销的顾客、店里的顾客、第一次来的散客等。我们必须接待上述所有顾客，所以活动当天负责店铺销售的员工会很辛苦。

而且如果活动当日到店里来的顾客是上门推销过的顾客的话，即使该顾客在店里购买了新电器，也算成是上门推销员工的业绩，而不算店铺销售的员工的业绩。

这样的话，负责店铺销售的员工在接待上似乎会有所怠慢，但是我会指导他们像对待自己的客户一样去接待顾客。如果顾客产生了"在举行活动时服务态度不好"的负面印象，结果就会给电化山口整体带来不良影响。

因此就会产生店铺的销售人员如何提高销售业绩的疑问。上门推销人员的顾客产生的销售额算作是上门推销人员的业绩，店铺销售的对象似乎就只有新上门的散客。

但实际上并非如此。店铺销售人员与上门推销人员一样，平均每人负责 500~700 户的顾客。电化山口共有 5 名店铺销售员，他们负责上述 500~700 户顾客以及上门散客的销售任务。

店铺销售员和上门推销员负责的顾客数几乎相同，我想这就是电化山口的独特之处。

原因就在于，电化山口的地理位置不是特别理想，光靠新上门的散客是无法完成营业目标的。周六日靠举行活动可能会吸引顾客上门，但平时光靠等待的话顾客是不会来的。

所以电化山口的店铺营业采取"主动进攻"的方式。具体来说就是，在顾客不会主动上门的时候，店员主动给自己负责的顾客打电话来进行推销。店里面有 2~3 名员工在就能忙得过来，所以在电话联系中觉得有希望卖出去的话，负责店铺销售的店员也可因"我到○○顾客家里去拜访一下"而外出推销。这样既负责店铺销售，也进行上门推销。也就是说，用两条腿走路。

●不对初次上门的散客进行推销

在举行活动时也会有"第一次来电化山口"的顾客。这样的顾客大部分由负责店铺销售的员工进行接待。此时，比起"想方设法把商品卖出去"来说，先让顾客了解电化山口更为重要。

卖不出去也无妨。

有这样一个例子。是一位 70 岁左右的老者第一次来电化山口时候的事情。为了防止车内盗窃，老者来店里打算给自家的停车场安装监控。

在谈话中得知，老者家中的停车场没有大门。

于是，销售人员就建议："如果是这样的话，您在安装监控之前先给停车场安装上大门。然后把车停在大门内，或许就没有车内盗窃等事故了。"顾客一门心思想着要安装监控，所以并没有想到要安装大门，连连说道："我倒没注意大门的事。"

对于电化山口来说，让顾客安装大门并不能让企业直接获利。但是，如此这般地对顾客敞开心扉的话，我认为从长远看是有用的。

那位顾客聊了 30 分钟后就回家了。在他回去时说了一句："我打算最近重新买一台电视机，过几天还会来的。"销售人员说："我们店售价比较高。"但是顾客听后说："就算贵5万10万日元，我也想在服务好的店买。"于是，便开始了与这位顾客的交道。

对于这样的新顾客，一开始留下不良印象的话是不会再来第二次的。而且，顾客对店里印象不好的话，这种不良印象会扩散到他周围的人。因此，对于新来的顾客，不要急着推销，而是帮助顾客解决困难，这么做的话往往会抓住顾客的心。

●汽车旅行一做就是 29 年

作为电化山口独特活动的一项内容，每年1~2月，我会企划与顾客一起"汽车旅行"。这个活动到今年已经第29年了，真是一项长盛不衰的活动。我每次只要没有特别情况基本都会参加。

该活动的名称是"电化山口例行'冰箱特惠'汽车之旅"，实际上是冰箱的说明会。原本在神奈川县有生产冰箱的工厂，汽车旅行最早是以工厂参观会的形式开始的。由于工厂搬迁，现在已经不在那里了，但这一活动本身还在一直继续。高龄者的顾客中喜爱旅行的也大有人在。比起只在店里听说明会，我认为通过和顾客一起旅行，对于加深和睦关系会更有效。

早上 7 点 45 分出发。在三浦半岛的农园或渔港转一圈，然后租借附近餐饮店的场所进行新款冰箱的说明会。在那里顾客一边用餐一边听厂家负责人介绍新款冰箱。

然后到镰仓随便逛逛，晚上 7 点返程，行程安排颇为丰富。在大巴上会举行歌唱大赛。返程途中也会给顾客提供酒精饮料。边喝边唱，痛快地玩一天，参加费用的话缴纳信用卡年费的电化山口会员是 4000 日元，其他顾客为 4500 日元。每次限定参加人数为 50 人，每年举行两次。虽然要收费，但 100 人的名额很快就报满了。

通过该旅行，并非能立刻把冰箱卖出去。我没有考虑短期效果。

即便如此，每次举行旅行活动，都会有顾客说："我最近没有怎么和电化山口打过交道，光参加旅行的话也不太好，我决定在电化山口购买冰箱和电视。"与顾客建立永久的联系，才是我 29 年不间断举行汽车旅行的最大目的所在。

●在寺院里举行展示会？！

除了每周在店里举行活动之外，电化山口几乎每月都会在外面租借场地举行"展示会"。

展示会的优点在于可以有针对性地展示商品。店内的陈列布局不容易改变，但是展示会可以结合四季来展示季节性电器。

比如，2012 年 5 月举行了"节能商谈会"。主要展示了节能性高的空调、冰箱等白色家电。2011 年 3 月发生了东日本大地震，由于停止了核能发电，夏天的供电不足成为热门话题。预测到电费会继续上涨，于是我们策划了"呼吁使用节能电器"的活动。

这个展示会，选在与众不同的地方举行？！

竟然是在寺院举行？！

大约是 10 年前的事了。我当时一直在寻找适合开展示会的地方，但是最初调查的宾馆等场地费过高只好作罢。接着就考察了农协的大礼堂等地，但最终没有获得使用许可。

就在那时，与我私交甚好的寺院住持，破格给了我 15 万日元包场 2 天的优惠。该住持也是电化山口的顾客，我一直和他打交道。

"那样的地方真的可以吗?"公司内外有这样的疑问也很正常。我也考虑了很久,想起了这样一件事。过去有实力的寺院周围都会建门前町(日本中世纪末期之后在神社、寺院门前形成的街区。——译者注),在寺院内外举行庙会或集市。寺院曾经也是居民欢聚一堂的场所。

将此事告诉顾客后,他们也能放心地来参加展示会了。

会场租用整个寺院。在大厅放置多张桌子,营造出销售人员与顾客能放松谈话的氛围。给夫妇共同到场者赠送20个鸡蛋,1个人来的话赠送10个鸡蛋。

我们特别希望主妇们能来参加展示会。会场比起店铺来,是一种很放松很随意的氛围,所以顾客们能说出自己心中所想。

比如,"厨房的煤气灶不好用"等不满的声音,只能从主妇们那里听到。如果顾客能说出此番话,那就是推荐其购买 IH 电磁炉的绝好时机。

重要的到场顾客由其"销售负责人"来接待。如果不是有信赖关系的销售负责人的话,商谈是不能顺利进行的。若是其他人负责接待的话,顾客会有"会不会向我推销东西"的戒备心,就不会说出真心话。

展示会分两天举行。用直邮信件通知目标顾客。第 1 天接待上门推销的顾客，第 2 天接待店铺销售的顾客。因此第 1 天上门推销的销售人员们在展示会场待命。与之相应的，第 2 天平时在店里负责销售的员工们集中到展示会场来，由上门推销的员工们代替他们看店。

● 给上钩的鱼多喂鱼饵

有句俗话说，不给上钩的鱼喂鱼饵。而电化山口恰恰相反。不管怎么说，电化山口一直提倡"东西卖出去之后生意才刚刚开始"，所以不如说卖出去之后才是最重要的。

比如，电化山口会定期举行料理课程教大家如何使用 IH 电磁炉进行烹调。制作的菜品有鸡肉饭、中华风萝卜汤、饺子等。做好的菜也可以带回家，有很多热心学习的顾客。

按一般人的想法来说，该料理课程是为今后打算购买 IH 电磁炉的顾客而开办的。但是，电化山口刚好相反。参加该料理课程的大多数是已经购买了 IH 电磁炉的顾客。当然，没有买 IH 电磁炉的顾客也可以参加，开设该课程的原本目的在于向已经购买的顾客提供售后服务。

或许有人会想："就算对已经购买的顾客开设料理课程，电化山口也不会从中赚到一分钱。"但是，顾客既然购买了电磁炉，就想让顾客尽可能地充分掌握其用法。希望顾客能将 IH 电磁炉的性能 100% 甚至 120% 地发掘出来，做出可口美味的菜来。

我并不是装成老好人才说这番话的。

因为那样做会对后续销售有帮助。

电化山口会定期向已购买IH电磁炉的顾客寄送料理课程的活动资料。

为什么这么说呢？因为已经购买的顾客对朋友的太太说"IH 电磁炉真的不错哦"这种口碑宣传的可能性会大大提高。IH 电磁炉是完全靠口碑来销售的商品。"油炸或烧烤时火力没问题吧""小火炖煮时效果怎么样""如何维护保养呢"……产生这些疑问时，如果从已经购买了 IH 电磁炉的太太那里听到"没问题。这样操作即可。IH 真的很方便"的回答后，便会决定"那我也买一台吧"。比起男性销售员热心地推荐，女性顾客之间的口碑更为具体和有效。

因此，面向已经购买 IH 电磁炉的顾客，提高其服务满意度的话，就能直接带来新顾客的增加。

仅凭价格选择店铺的话，东西卖出去就了事。这样的话就无法建立店铺与顾客之间的稳固联系。若出现价格更便宜的店的话，顾客就会流向更便宜的那边。

这样看来，能够做到看似漫长的售后服务必须得建立在高毛利润的基础上才行。正因为有毛利润，才能把这些钱花在举行活动上。然后，顾客才会想"以后还要在电化山口购买"。

我们赚取丰厚的利润，再通过无微不至的服务回馈给顾客，然后顾客再来购买。产生此般良性循环，说明"高价销售"是很重要的。因此，我认为"给上钩的鱼多喂鱼饵"这句话，有其生意上的依据。

第 **4** 章

"日决算"是必须的，按月决算
的话就太迟了

●现在的毛利率达到了"39.8%"

为了在量贩店不断出现的局面中立于不败之地，电化山口不搞低价销售，反而大胆进行"高价销售"。下定此番决心的我迫切想知道的是，在每天的销售活动中，企业到底赚了多少钱。

迄今为止，电化山口的业绩管理都是按月进行，而且也没有出现大的问题。但是，在开始"高价销售"的作战方针时，我认为按月管理就显得太迟了。

开始高价销售之后，说不定第二天就会完全卖不出去。老实说，我有过那样的担心。价格提高到什么程度后，销售额会随之下降？我想每天都进行数字确认。

"高价销售"的作战方针是，将毛利率从 1996 年的 25%，花 10 年时间提高到 35%。

当然，这并非一朝一夕就能办到的。切换成日次管理就是这个原因。我给这个日次管理起名叫"日决算"。

在电化山口，每天都是决算日。我是出于这种心情来命名的。

在推进日决算的过程中，诞生了下面将为大家介绍的5种经营资料。我每天都随身携带这些资料，出差的时候也是，做到能随时翻阅。即便我好几天不在公司，我也会让员工每天将这些资料通过传真发至我住的酒店，我做到每天必须亲自过目。

- ●按销售人员分类的销售额清单
- ●按销售人员分类的毛利率表格
- ●按商品类别分类的销售额清单
- ●按商品类别分类的毛利率表格
- ●按支付方式分类的销售额清单

在分别对以上清单做出说明之前，我先提前声明一下，此处说的"销售额"并不是指销售金额，在最重视毛利率的电化山口，一直将"毛利润额"称为销售额。

1 按销售人员分类的销售额清单

按销售人员分类的销售额清单就是，为了管理各销售人员销售业绩的表格。请看 P113 中的图例，我主要检查 3 个指标。

第一个是看各销售人员的目标完成率。电化山口每月都会给销售人员分配毛利润目标额的任务。比如说，营业1科的河野科长目标额是 250 万日元。假设那个月是 30 天，表格的日期是 15 号的话，就能看出各销售人员是否超过了月目标额的一半。

第二个是看毛利润率。比如将目标毛利润率定在 35%，检查各销售人员是否超过了该目标值。

第三个是整体检查。在毛利润额与毛利润率方面，全体销售人员的总业绩是否达到预期目标。

損当別売上リスト

为了管理各销售人员的销售额（毛利润）而制做的清单。每天检查目标毛利润的完成率和毛利润率。

2 按销售人员分类的毛利率表格

该表将各销售人员的毛利润率制成图表并进行排名。我每天会将该表用传真发给排行前 5 名的销售人员家中。目的是为了向其家人传达"你父亲很努力进入了业绩排行前 5 名"这一事实。维持前 5 名并非易事。孩子如果说

"爸爸，最近没有收到传真啊"，员工也会燃起斗志。

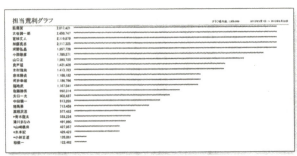

为了激励员工，每天会将各销售人员的销售额（毛利润率）排行榜用传真发至排行前5名的销售员家中。

3　按商品类别分类的销售额清单

这是分门别类地了解超薄电视、冰箱、空调等商品今天卖了多少的表格。表中明示了各类别商品的毛利润额和毛利润率，可以检查收支是否平衡、是否存在低价销售等问题。

最近，商品的销售情况波动较大，所以检查该表就显得尤为重要。典型的例子就是 2011 年 7 月完全使用微波的数字广播电视之后。对于电器销售店来说，电视机的利润长时间以来都占据大头。但是由于需求量放缓与价格竞争导致的售价下跌，超薄型电视机的销售额自 2011 年 7 月以来出现了大幅下滑。"电视机滞销"的征兆立刻就显现在按商品类别分类的销售额清单上了。

因此，将销售策略转换为重视空调、冰箱等白色家电的销售，由于想方设法弥补了电视机滞销带来的损失，所以到 2012 年 3 月决算时才没有出现赤字。

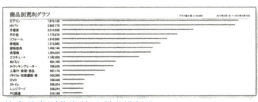

按不同商品类别分类的毛利润额和毛利润率清单。通过该表可以掌握什么商品卖得好、赚取了多少毛利率。

4 按商品类别分类的毛利率表格

该表是从按商品类别分类的销售额清单中，按毛利润额进行排序的排行榜。大体可以明白在电化山口"超薄型电视机""空调""冰箱""室内翻修"等支柱产品的销售额。平时超薄型电视机的销量占第 1 位的情况居多，但是到了夏季空调会占据首位，冬天冰箱也会占据首位。

按商品类别分类的毛利率排行榜

5 按支付方式分类的销售额清单

这是根据顾客的支付方式是信用卡、现金或是赊账等进行分类的清单。我从别的松下品牌专卖店了解到的情况是，用信用卡支付的顾客比例大多在30%左右。但是在电化山口，60%的顾客用信用卡支付，付现金的顾客只占20%左右。我每天看这个数字，基本没有太大的波动，总体维持在60%左右。

販売別売上リスト

	販売方法	条数	取得金額	取得比 (原成比)	売上金額 (原成比)	料金額	取引高	平均取引

按支付方法是现金支付还是信用卡支付分类的清单。目标是将信用卡支付的比例提高至60%。

制作这5种表格并没有那么难。兼职人员1个人花3小时即可完成。

电化山口的销售人员在每天的工作结束后，都会回公司填写销售账目。第二天兼职人员会将这些销售账目整理汇总，在中午之前输入电脑。电脑系统的初期投入需要花费一些钱，但是每天的输入工作若利用表格计算软件的话是任何人都能胜任的。我想如果有专门的系统操作人员，或许会做得更好更详佃。但与之相应的，需要付出金钱与时间的代价。因此电化山口没有配置专门的员工来做此事。

由于是每天必做的事，我想尽可能越简单越好。对于我来说，每天只要掌握了毛利润额和毛利润率，那就足够了。

这些表由我第一个过目。我认为，承受打击也好，享受喜悦也好，公司的社长应该第一个知道结果。为何这么说？因为，我认为将社长的"心情"表露在大家面前，能让全公司朝着销售目标共同努力。

在这点上，正好与足球、排球等体育运动的教练相同，因队伍得分或失分的表现而将自己的心情表露出来。当然也有冷静的喜怒不形于色的教练。但是我认为将自己一喜一忧的真实心情表达出来，会更有利于提高队伍的凝聚力。

在每天晨会上我也让员工们传阅日决算的账目，是为了让员工每天都对现在的经营状况和目标有所认识。

●每天都过目的话就能立刻发现问题

制作这5种表格的好处不计其数。开始日决算后我再次感受到"企业经营瞬息万变"这一事实。如有什么问题的话必须尽早解决，解决得越早损失就越小。

每天都看这些表的话，就会发现各种问题。比如，毛利润未达到既定目标的情况。这种时候，应该给予员工以激励促其奋起，或者企划新的促销活动。

有时也会出现毛利率低的情况。因为员工有时会打折销售，所以一旦发现此类"异常值"，我就会追本溯源到销售账目上，查明原因。

每天都看这些数据，也能立即察觉到社会上的变化。

那是2009年5月，日本导入了所谓的"家电环保积分制度"时的事了。这是美国雷曼事件后，政府为促进经济而制定的一项政策，即购买使用微波的数字电视或节能型空调、冰箱等家电，政府将返还一定的环保积分。

这是环保积分导入制度在电视上报道三天后发生的事。我发现日决算的销售额有所减少。与去年同期相比，也出现了明显的下降。似乎也不是由于天气异常等原因导致的顾客减少，我想不出明确的理由来。

在与员工商量的过程中，我脑海里闪现出这样一个假设，莫非"这是顾客暂缓购买的商品呢"？

"比起现在立刻购买，等环保积分导入之后再买会划算一些，所以先等等"，有这种想法的人变多了。所以，就算像平常一样进行推销也是卖不出去的。

若是顾客暂缓购买的话，该如何采取对策呢？

与员工商量后，我决定给现在购买的顾客赠送环保积分导入后可节省的相同金额的购物券。这么做就保证了顾客在环保积分制度前购买也不会受损失了。

预想与事实丝毫不差。

在开始赠送购物券的第二天，日决算的销售额就恢复正常了。电化山口幸亏有日决算才能立即采取措施，才能将暂缓购买的影响降至最低。

那之后，返还与环保积分相同金额的促销活动，在家电量贩店和其他电器店也开始了。但是，电化山口做到了从环保积分开始后仅 3 天就采取了应对措施。若采用按月决算的话，对策应该不会如此及时。这件事让我再次体会到日决算的优越性。

●东日本大地震与日决算

还有一件事，2011 年 3 月东日本大地震的时候，也是多亏了日决算才让我掌握了重要的变化。全电气化产品中有一种商品叫"自然冷媒热泵式电热水器"，是一种通过使用夜间阶梯电价烧水，可以节省电费的电热水器。

以自然冷媒热泵式电热水器为代表的全电气化产品，约占电化山口销售额的 2 成，曾经是主力型商品。

电化山口与顾客长期打交道，希望顾客家中的全部电器都在电化山口购买。那正是电化山口的奋斗目标。因此，将顾客家中的燃气热水器、煤气灶等，以前的燃气器具全部替换成电器的全电气化销售正好与电化山口的战略相吻合，我们也一直积极致力于全电气化产品的销售。

但是由于福岛第一核电站的事故，电力不足的问题日益严峻，积极推进全电气化的销售碰到了阻力。于是，自地震的第二天开始，自然冷媒热泵式电热水器的销量就明显下降。由于热水器的滞销，2011年3月的销售额比上一年度降低了88.6%。单月下降额为150万日元左右，公司出现了久违的赤字。

于是为了填补自然冷媒热泵式电热水器的滞销带来的损失，我通过按商品类别分类的销售额清单确认了什么是现在的畅销商品。

于是我发现电视机的销量下滑并不明显。

因此采取了提议客户买更大尺寸的电视机，以提高销售单价和毛利润额的销售方法。当时超薄型电视的省空间化正在盛行。曾经放置32~37英寸的空间现在能放下42英寸的也不足为怪。因此可以下点小工夫，在店里不用英寸来标注画面尺寸，而改用厘米来标注商品的实际尺寸。

让销售人员随身携带对每种电视画面尺寸都做了标记的绳子，给顾客说，"现在放电视机的地方可以放得下比以前更大尺寸的"，向顾客推荐购买更大尺寸的电视机。

于是，顾客会想"难得要买的话，干脆就买大一圈的吧"，就这样大尺寸电视机被卖出去了。

●觉察到异常就立即采取措施

地震发生以后，全体员工齐心协力致力于开发新的畅销产品。设定"这种商品应该会卖得好"的假设然后实施促销，再通过每天的日决算表来检验结果。如此反复试验，就会发现几种畅销商品。

首先是太阳能发电系统。太阳能发电设备在 2010 年 4 月到 2011 年 3 月的一年中仅销售了 3 台。但是由于节电风潮的高涨，我们认为消费者"今后通过使用天然能源来节电"的意识会加强，便开始促销太阳能发电系统。

于是，2011 年 4 月到 2012 年 3 月，仅上半年就售出了 32 台，是上一年的 10 倍以上。而且太阳能发电系统的单价很贵，平均每台售价约为 273 万日元，而自然冷媒热泵式电热水器的售价约为 78 万日元。由于太阳能发电系统的毛利率会低一些，所以企业的盈利情况会恶化，但是仅从销售额来看的话，太阳能发电系统很好地填补了热水器滞销带来的损失。

除此之外，还有一件意想不到的畅销商品出现了。那就是电饭锅，而且是售价在 5 万日元以上的高档电饭锅。当给 5 年甚至更早以前购买电饭锅的顾客介绍了以旧换新的促销活动后，对米饭味道讲究的顾客表现出很大兴趣。

还有，向已购买 IH 电磁炉的顾客推荐新款的抽油烟机。厨房的抽油烟机很难清理。这种新款抽油烟机因机身超薄、易于清理而大获好评，销售情况十分可观。

所以说，发生什么异常情况的话，立即发现并采取措施。然后深层挖掘顾客的需求便能找到畅销商品。将这些情况付诸实践时，日决算起了很大作用。由于量贩店的大量出现，我曾经一直有"说不上哪天店就要倒闭"这种莫名的不安。然而，转换成"高价销售"后，销售额虽然在逐步下降，但是毛利率得到了确保，企业并没有出现赤字。不出现赤字的话，企业就不会轻易倒闭。这一点通过日决算就会明白。

通过日决算了解每天具体的数字后，就会认为企业"没问题"。我想，能够获得安心感，也是日决算的一大优点。

●用"毛利汇总表"代替日记

兼职员工每天将 5 种表格的数据输入电脑，并传给我。除此之外，其实我自己也每天手写表格。这个表格对我来说类似于日记一样，我将其称为"毛利汇总表"。

这 5 种表格每天中午 12 点左右送到我手上。从按销售人员分类的销售额清单中，将各销售团队的毛利润额抽取出来，记录在"毛利汇总表"上。该表用一张 B4 尺寸的纸来记录一个月的数据，每天填写一行。

这么做的话，就能一目了然地逐行了解从月初开始公司赚取的毛利润额。

电化山口的销售团队分为"河野团队""福地团队""熊泽团队"等，首先声明该表是以销售团队为单位记录的。毛利润汇总表中，填写以销售团队为单位的毛利润额。

分别将每个销售团队的毛利润额填入之后，再将当天公司整体毛利润额进行合计，比如填上"130 万日元"。然后在下面填写从月初累计的毛利润额总额"1000 万日元"。

若某天的毛利润低于 100 万日元时，就用红笔将其圈起来加以注意。若超过 100 万以上便用绿色荧光笔涂上，也就是"取得优胜"的意思。

根据每月有多少画红圈的天数，就能立刻了解业绩的好坏。如果前半月红圈多的话，就成为"目标达成有点悬"的危险信号，我便会要求员工在后半月努力追赶业绩。

大体来说，电化山口每月赚取的毛利润额在 3200 万日元的话企业就会盈利。每月的营业基础天数为 25 天左右，所以如果每天的毛利润额都超过 130 万日元的话，就能判断该月会盈利。每天都填写毛利润汇总表的话，就会立即了解"在每月剩下的营业日中能否超越盈亏临界点"的情况。

这个毛利润汇总表 1 年共计 12 张，我总是随身携带好几年的数据。有了这些表就能立刻掌握"去年的这个月在第 23 天超越了盈亏临界点取得了盈余，但是今年晚了1 天。"

如果销量不好，我就会思考"哪里出了问题"，然后采取措施。

我专门用手写记录的原因在于，手写印象更为深刻。并且在表格外快速书写的备注，在日后会起到意想不到的作用。

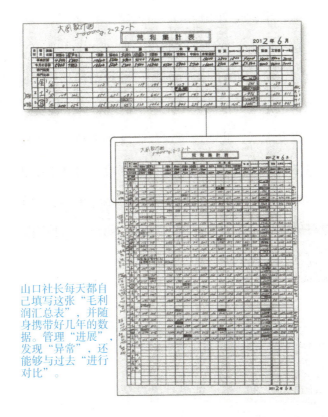

山口社长每天都自己填写这张"毛利润汇总表",并随身携带好几年的数据。管理"进展",发现"异常",还能够与过去"进行对比"。

比如使用夜间阶梯电价的"自然冷媒热泵式电热水器"等主力商品畅销时,我就会标注上"热水器"的备注。还有"太阳能发电设备""室内翻新工程"等单价高的商品畅销时,我也会在表格栏外进行备注。

这么做就会了解如下的情况。例如,发生地震的 2011 年春季,而因消费者的节电意识高涨而完全卖不出去的自然冷媒热泵式电热水器,到了第二年的 4 月销量竟然达到了两年前，也就是 2010 年 4 月的水平。

从这里产生了这样一个假设，即"在关东地区消费者的节电意识没有 2011 年那么强了"。这似乎违背了一般人的常识，但是毛利汇总表中反映出的就是这个事实。

过完夏天后，我明白了这一假设是正确的。2012 年全国的核电站停止运作，从某种程度来说，对核电依赖程度较高的关西地区的节电意识增强。但是关东地区的节电意识没有关西地区那么强。这一点也体现在了其他商品的销售情况上。

●库存情况也通过每日管理实现可视化

在这里，话题稍微远离日决算了，我想谈一下电化山口的"可视化"。以日决算为代表，库存等情况也尽可能向员工公开，我的经营方法就是"尽量做到可视化"。

在电化山口，库存情况也做到了每日管理。比如电冰箱，什么机型有多少台，库存一目了然。这也和日决算的资料一样，会在每天的晨会上给全体员工传阅。

电化山口的库存情况表不使用数字，而是用"〇"的个数来表示的。这是因为，比起数字用符号制作的表格，这样更能直观地一目了然地了解数量的多少。我边看库存表，边调整订货量，保证既不会积压库存也不会出现断货。

就拿空调来举例说明吧。在电化山口分别将空调分为"6 畳房间用"和"8 畳房间用"（"畳"是榻榻米的计量单位，能放下一张榻榻米的面积称为 1 畳。——译者注），将重点推销的商品集中在 1 种机型上。

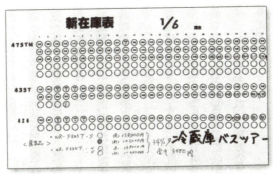

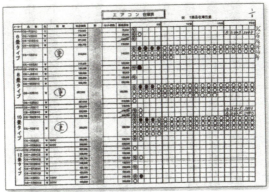

电化山口一直在推进库存表的"可视化"。每台库存用一个"○"来表示，库存量一目了然。

多数情况是，重点推销的机型库存尽量维持在 20~30 台，剩下的机型库存仅为 1~2 台。

重点推销的商品是高性能且有高附加值的商品。在量贩店，一般来说低价格商品的库存会很多。但是，低价格商品由于价格竞争的原因，我们无法与大型量贩店匹敌。

另一方面，高性能商品不仅可以获得更多的我所重视的毛利润额，而且还具有更容易进行商谈、更容易向顾客推荐的优点。

冬季进行的冰箱促销，一次的进货量在 200 台以上，所以就特别需要使用库存情况表。库存情况表上排列了 200 个以上的○符号。而且，与平时的库存表不同的是，每卖掉一台就在○的中间写上销售员的名字。变成"再卖多少台就能全部售罄"的倒数式库存，做到了一目了然。

●每天进行销量竞争

每天一边看着倒数式库存表，一边进行冰箱销量竞争。每年在新年的 1~2 月进行冰箱促销。在别的店夏天畅销的冰箱，电化山口竟然在冬天促售，是因为想与别的店有所不同，而且冬季能以低价进货。

2012 年从 1 月 2 日到 1 月 6 日的 5 个营业日内，共卖出了 29 台冰箱。电化山口的目标是 1 个月卖出 150 台。因为 1 个月的营业日是 25 天，计划平均每天卖出 6 台。

在这个冰箱促销活动中，我稍微花了一番工夫。首先，与以往的营业 1 科、2 科的分类不同，而是分成 3 组，每组 5~6 人。而且各组任命一名"专卖冰箱"的销售队长。

这 3 名销售队长中，有擅长销售冰箱的经验丰富的员工，有销售能力强但没有冰箱销售经验的中坚力量，也有新员工。我希望中坚力量和新员工能够向经验丰富的员工学习销售方法。

在每天的晨会上，我让员工传阅冰箱促销库存表和"冰箱速报"表。这是为了加强全体员工达成目标时的成就感，激发其更强的销售意识。比如，我会指导员工们："昨天的目标任务还差 1 台，今天争取追加 1 台，卖出 7 台。"

如上所述，重要的数字尽量做到可视化。而且每天对这些数字进行管理。"可视化"与"每日管理"是电化山口业绩管理的支柱。

●电费支出也因"可视化"而减半

"可视化"也涉及到了电费支出的管理。在电化山口，电费支出的金额变化也被制成表格张贴在了办公室。地震后的 2011 年 4 月是 17 万日元，在那之前是 25 万 4000 日元，大约减少了 33%。5 年前的 2008 年 4 月是 35 万 2000 日元，将近缩减了一半。

能够大幅地削减电费支出的秘密在于，2009 年电化山口导入了节电服务。这项服务会时常监测用电情况，并在用电量接近签约电量时发出警报。

店铺与电力公司签署了用电契约规定，电费是由店铺用电高峰时的电量决定的。但是，用电量能达到最大签约电量的日子，实际上一年也只有 4~5 天。于是通过降低签约电量来减少基本费用。另一方面启用预警通知服务，监测用电量，若用电量快要超过签约电量时，就发出警报。

用电高峰是空调全力运转的夏季。用电警报一来，就关闭 1~2 台运转的空调 5 分钟。于是电量就不会突破最大值。因为这项措施，电费支出比措施导入前节省了 2~3 成。

在地震发生后，电化山口的节电意识更强了。店里展示的超薄型电视，白天也都是关闭状态。

另外还将营业所的荧光灯全部换成了 LED 灯。2011年 4 月营业所的电费从去年的 2 万 6000 日元变成了 1 万8000 日元，减少了 30%。

此类电费的年削减额达到了 100 万日元以上。要赚取100 万日元的毛利润的话，按毛利润率 35% 计算必须要卖出 350 万日元的家电才行，所以绝非是小数目。

当然，电费变化情况表也会让员工传阅。这样也能提高他们的节约意识，效果可谓一箭双雕。

●将目标定大些，然后再逐步缩小差距

在制定每月的销售额目标时，我经常会将目标定得高一些。

尽可能地设定与去年相比有大幅提高的目标，而且也会给员工分配较大的目标数字。

月末达不到目标的情况自然也多，即便如此，年初制定的事业计划多数都能完成。

只要比去年有所提高就谢天谢地了。

补充一句，我不会责难不能完成较高目标计划的员

工，也不会扣发其业绩奖金，这种有失公平的事我是不会做的。我会根据实际的目标完成情况来发业绩奖金。

毕竟是较高目标，需要竭尽全力去努力实现，所以并不是必须要完成的。

起初将目标定得稍微高一些，到接近截止日期时再去逐步缩小。于是便能恰到好处地着陆。每次看每月的决算时我都会这么认为。

●借用金融机构的智慧，提高企业安全性

电化山口的店铺或土地，实际上都不是公司自己拥有的固定资产，都是租的。若是地价便宜的地方，也许就算买地也不是问题。但是在首都圈，购买了地产之后，债务就会增加，还款问题会很严峻。

营业用车也是长期租赁的，所以电化山口并没有真正意义上的固定资产。

从安全性的观点来看，我一直坚持不持有固定资产来经营公司。我对资产负债表等财务报表并不很了解。即便如此，对财务问题关键点的理解并没有失误，想方设法将公司经营至今。

为了不犯大的错误，在财务方面我一直借用金融机构的智慧。电化山口现在本质上是一家无债务企业。但是，实际上我与日本政策金融银行还保持着一些交情。他们帮我免费分析电化山口的财务情况。

每年，在提出决算书的时候，金融机构不仅将销售额和毛利率、负债变化情况、自有资本比率、总资本经常性利益率等经营指标，甚至连过去 10 年的发展变化及与同行企业的对比都为我做了详细的分析。

以此为依据，我可以客观地把握公司的经营状况，并在制定经营方针时作为参考。比如 10 年前的 2000 年年初，电化山口负债 1 亿 8800 万日元。安全性评级比现在还低很多。因此我决心"必须减少负债来经营"。

由于早就转变为提高毛利率的经营方针，所以手中的运转资金有了富裕。就这样朝着无负债经营一步步迈进。在能顺利偿还借款之余，也必须确保公司有所盈利。

将营业用车全部换成长期租赁，也是因为明白了"用更少的资产获取更高的收益"的道理。

或许会有经营者不愿意把公司财务报表拿给金融机构看。但是金融机构都是金融专家，与他们保持良好关系的话可以获得有利于公司发展的信息。

●即便销售额下降 15%，也能确保盈利

松下、夏普等大型家电生产商在 2012 年上半年的决算期（4 月~9 月），赤字规模达到了数千亿日元。家电行业的不景气最终还是很大地影响了制造业的经营。

电化山口在 2012 年 4 月~9 月上半年的决算期中与上一年度同期相比，销售额约下滑了 15%~16%。上一年度 7 月由于数字电视转化所带来的需求量暴增，上半年决算期的业绩情况还不错。但是 2012 年度销售量猛增后的副作用就出现了。

虽说如此，电化山口仍然与往年一样确保了盈利。即使销售额下滑，企业也不会出现赤字，原因是什么呢？

我预测到了 2012 年销售额会受上一年度的副作用影响，重点采取了两个措施。第 1 个是将毛利率提高。对员工提出"认真地去销售每一件商品"的口号。有了此项举措，上一年的毛利率为 38%，而 2012 年的毛利率在 39%~40%。

最终，毛利润额也只是比去年略有减少。能在某种程度上确保毛利润额，并削减经费支出的话，就能避免产生赤字。

在上半年的决算期，我将企业经费支出中占大头的广告宣传费，与上一年度相比，削减了40%。这是通过减少广告单的制作或订货，尽可能自制广告单来实现的。使用公司的印刷机虽然只能印成双色，但广告的订购成本却大大降低了。

第2个措施，就是尽可能地在不产生不良影响的前提下，削减搞活动时向顾客赠送礼物的经费。

在企业经营困难时，不追求销售额而是提高利润率。自1996年家电连锁店大量出现以来，我在企业困难时期一直使用这个方法。并且一直坚持日决算，毫不懈怠地管理这些数据。

电化山口能连续15年一直盈利，得益于采用日决算对数字的严格管理。

第 **5** 章

了解顾客的所有信息
——顾客台账的秘密

●只有"放弃"部分顾客，才能有翻身之日

正如本书一开始就说过的，为了应对 1996 年开始的量贩店围攻，我将企业经营策略转变成重视毛利润率时，就开始大幅地压缩目标客户的人数。结果就是，顾客数据资料从约 3 万 4000 件减少到 1 万 3000 件。

换种说法，就是我"放弃"了大量的顾客。顾客数多的话，乍看之下或许会觉得放心，但这只是一种假象。因为分配到每位顾客身上的时间会减少，结果就是无法向顾客提供周到细致的服务。既然转换为高价经营策略，若不能提供令顾客满意的服务的话，顾客就不会愿意与电化山口打交道。

针对"放弃顾客"这一决定，我经常被问到"这么做不担心吗""你不觉得难受吗"等问题。

如果说我不担心，那肯定是假话。实际上我也想过"这样做真的可以吗"。但是，因为我是销售家电的，所以一直抱有"卖电器的人必须要开朗"的信条。（日语的"开朗"与"明亮"是同一个词，此处取的是双关意

义。——译者注）因此平时总是努力表现出开朗的一面。顾客应该也不愿意去气氛压抑的店。

而且我认为，领导不能在部下面前流露出不安的情绪。即使自己内心存在不确定的想法，也必须鼓励员工"一定会顺利的"。

所谓放弃顾客，是指将电化山口的销售对象限定在优质顾客和有可能成为优质顾客的范围内。因此我设置了如下的标准：

- 5年以上没有惠顾过电化山口
- 曾有不讲道理的投诉纠纷

5年以上没有交易的顾客中，有从电化山口累计购买过好几百万的家庭。将此类顾客从顾客台账中删去的确很痛心。但是我还是下定决心将他们删除了。若5年都没有光顾过电化山口，今后即便上门推销也应该不会有希望。比起那样的顾客，我认为今后重点拜访目前累计金额虽然不多、但是愿意惠顾电化山口的顾客效果会更好。

在缩小了目标客户人数后，我进一步将顾客做了如下分类：在电化山口的最近购买日期在1年内的顾客为"1"；超过1年未满3年的顾客为"2"；超过3年的顾客为"3"。

然后，在电化山口的累计购买金额在 100 万日元以上的顾客为"A"；30 万日元以上 100 万日元以下的顾客为"B"；未满 30 万日元的顾客为"C"。

我做了一个表，表的纵轴为累计购买金额，横轴为购买频度，就可以将顾客分为 A1、A2、A3、B1、B2、B3、C1、C2、C3 这 9 类。这就是电化山口的顾客分类表。

电化山口的顾客分类表

	1 1 年以内购买过	2 1 年以上、3 年 以内购买过	3 超过 3 年前 购买过
A 累计购买金额为 100 万日元以上	A1 23.2% (2180 人)	A2 11.8% (1107 人)	A3 4.0% (375 人)
B 累计购买金额为 30 万日元~100 万日元	B1 13.0% (1217 人)	B2 13.6% (1271 人)	B3 6.4% (605 人)
C 累计购买金额未满 30 万日元	C1 9.3% (875 人)	C2 13.7% (1283 人)	C3 5.0% (465 人)
合计	45.6% (4272 人)	39% (3661 人)	15.4% (1445 人)

将顾客分为"A1"到"C3"9 类。如何培育"A1"的优质客户至关重要。

●找出"最想珍惜的顾客"

对于电化山口来说，A1 是最重要的顾客层。每年惠顾 1 次电化山口，而且迄今为止累计购买金额超过了 100 万日元。这就是电化山口今后想进一步加深联系的优质客户。

通过制作这张顾客分类表，"如何增加 A1 顾客的比例"这一目标就更加清楚了。A2、A3 的顾客若购买频率不满 1 年 1 次的话，今年就要下工夫让顾客在电化山口购买。B1 或 C1 等顾客虽然购买频率很高，但是购买金额还没有达到 A1 顾客的水平，需要努力向其推荐大型电视机、自然冷媒热泵式电热水器等全电气化商品，或室内翻新工程等单价高的商品，使之成为 A1 顾客层。

现在 A1、B1、C1 "每年惠顾电化山口 1 次以上"的顾客占 45.6%，其中最重要的 A1 类顾客占 23.2%。

对于 A1 类顾客，我要求负责相关业务的销售员每月至少一次上门拜访。对于 A1 类的顾客，举行活动时的邀请函，也不是邮寄，而是由相关销售人员在上门拜访时亲自交给顾客。

A1 类顾客需要"特殊对待"。

由于购买金额会一直累计下去，所以与顾客打交道的时间越长，就会越接近 A1 类。1 年至少购买 1 次的 "1" 类顾客中，销售人员如果不努力的话，就会立刻滑落到 A2、A3 类。稳步增加 A1 类顾客层，表明了销售员的努力切实得以实现，也表明了顾客每年惠顾的 "电化山口支持率" 的数值。

●缩小商圈

在减少顾客数的同时，我根据顾客的邮编将商圈划分为 3 个。即第 1 层次商圈、第 2 层次商圈、第 3 层次商圈。原则上规定不对上述商圈之外的区域销售。这与压缩顾客数具有相同意义，目的在于增加与客户接触的次数。顾客住得越近，电化山口的销售人员在相同时间内就能拜访更多的顾客。

现在有时仍有住在远处的顾客打来电话说 "我想买大画面的电视机，你们店卖不卖给我"，表示希望在电化山口购买。但是，我们一般会以 "无法向您提供周到的服务" 为由而婉拒顾客购买的要求。有时会有顾客说 "即便如此也想从电化山口购买"，但是若无法向顾客提供满意的服务的话，电化山口就成了单纯高价销售。那样就无法向顾客展现出电化山口的优点。所以还是对顾客说"对不起"来拒绝。

现在，在第 1 层次商圈与第 2 层次商圈的销售额约占电化山口的 8 成左右。若主张"立足当地""贴近顾客"的经营方针的话，就应该注意不要将商圈设定得过大。

●电化山口实际上是"ID 经营"

日本的职业棒球队在野村克也担任东京雅库尔特燕子队的教练时，曾流行过"ID（Important Data）棒球"一词。

读卖巨人队的教练长屿茂雄以靠直觉打棒球而著称。与其相反，野村克也教练重视数据作战，因此被称为"ID棒球"。

电化山口容易被认为，或多或少是靠销售人员的主观意识或直觉来进行销售的。但事实上，电化山口是充分利用了数据的"ID 经营"。

电化山口的销售人员与每一位顾客都像家人一样相处融洽。正因为如此，才能了解到顾客使用的是什么家电、从别的店里买的有哪些等信息。电化山口一直仔细收集上述信息，并将其作为"顾客台账"进行管理。

这些顾客台账对于电化山口的经营是不可或缺的。如果没有这些资料的话，电化山口可以说是寸步难行，所以我一直很重视顾客台账。

顾客台账最初是整理在纸上的。现在是用电脑进行管理的，这是我花了40多年认认真真搜集整理的客户信息。虽不能说是100%完美，但我可以自豪地认为，这些顾客台账是相当不错的。

而且我们在企划促销活动之际，一定会先以顾客台账为数据库进行分析，建立"这么做的话就会卖出去吧"的假设然后加以实施。现在似乎流行"市场调查"一词，我在知道这个词之前，就认为搞促销活动应该这么做。

我认为比起大企业，中小企业更容易利用顾客台账进行销售。那是因为中小企业与客户关系更近，能够收集到更为详细的客户信息。

在量贩店，销售人员不可能询问顾客："请问，您家的房屋布局是什么样的？使用的电器品牌是什么？"因此，此类问题也就无法依靠信息的数据库化来进行经营。但是，电化山口可以做到。

中小企业若与大企业正面交手的话绝对不是其对手。

为了存活下来，需要采取不同于大企业的销售方法。因此，信息的收集方法也应该与大企业有所不同。

●经营需要武器——顾客台账

我认为仅靠"你们去推销吧"这样的毅力式营销，销售业绩是不会提高的。

而且，电化山口不是靠低价销售而是靠"高价销售"来决一胜负的。若是低价销售的话，降低价格就可能会卖出去。但是，既然决定做高价销售，那种简单的销售方法就行不通了。

我一贯主张高价销售必须借助某种武器，就是顾客台账。

公司老职员对顾客信息在某种程度上是了然于心的，所以即使不看顾客台账也能将商品卖出。但是对于新职员来说，并不能一下全部掌握 A 顾客家中有几台电视机、冰箱是什么牌子的、洗衣机如何等情况。

即便是老职员，对顾客信息能了然于心的也只限于打交道时间较长的数十家顾客。如果是打交道时间不长的顾客的话，不参考数据，销售就有些困难了。

顾客台账最初仅仅是填写地址、姓名、电话号码、购买记录等信息。然后逐步地增加项目。但即使项目分类很细致，如果不能熟练运用的话就毫无意义。所以我们根据公司的能力设定项目内容，等全公司整体水平提高之后再增加1项内容。虽然每次修改项目内容都会因系统变更而产生数十万日元的费用，但比起一次性增加好几项内容，一点一点逐步增加的做法更适合电化山口。

- 姓名
- 地址
- 电话·传真号
- 年龄
- 出生年月日
- 销售人员姓名
- 顾客分类（A1～C3）
- 是否导入了全电气化
- 是否导入了太阳能发电
- 是否喜欢看电视
- 是自有住房还是租房
- 房间数
- 家庭构成人数

● 男主人的兴趣爱好

● 女主人的兴趣爱好

● 宠物

● 备注

● 购买记录

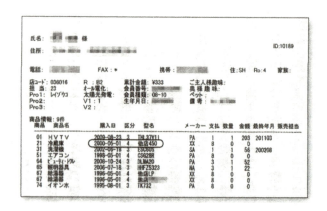

这是电化山口的顾客台账。"何时购买的""在别的店买的吗"……
通过客户拜访或电话询问此类信息，每天不断提高信息准确度。

顾客台账中，以先前介绍的从 A1~C3 的顾客分类开始，到累计购买金额、身为户主的男主人的出生年月日、男女主人的兴趣爱好、是否养宠物、是独户住宅还是公寓楼、是否为自有房产、房间数等信息都要进行记录。

这其中最重要的就是购买记录。购买记录既可以将所有家电的购买情况一目了然地表示出来，也可以按电视机、空调、冰箱等商品类别分门别类地表示。

148

当然，顾客在电化山口购买的电器也会认真地进行填写。但是，顾客家中使用的电器也有从别的店买来的。收集顾客从别的店买来的家电信息，我想这么做的只有电化山口。

顾客何时购买了何种电器。若掌握了此类信息，在推销时就可以对顾客进行建议："您现在用的冰箱，从购买时算起已经将近 10 年了。要不要换成高效节能的新款?"

若顾客是自有的独户住宅的话，还可以建议其导入全电气化产品或太阳能发电系统等。

另外，假设顾客家中有 5 间房间，那么销售人员会翻看顾客的空调购买记录。假设顾客只有 2 台空调的话，剩下的 3 间房间是什么情况? 也许电化山口的销售人员在不知道的情况下，顾客已经从别处购买了。如果不是这样，那就是还没有安装。最近给每间房间都安装空调的家庭也不少见，所以这就是能卖出空调的机会。

正如此般，对客户信息掌握得越详细，从各个角度建议顾客购买商品的机会就越多。顾客台账的理想状态就是：顾客家中的家电，无论是从电化山口购买的还是从别处购买的，都要进行记录。

对于第一次在电化山口购买的新顾客，电化山口会花费数年朝着这个理想状态努力，以掌握更多的顾客信息。

●顾客台账每天都要进行管理

电化山口每天都要对大约 1 万 1000 件顾客台帐进行管理。正如每天都要给花草树木浇水一般。

销售人员通过每天的上门拜访，会抓住顾客正在使用的家电情况的变化。

比如，有这样一种情况，顾客台账中有购买电视机的记录，但实际上顾客已经不用那台电视机或者已经丢弃了。那么就要从顾客台帐中将旧电视的购买记录删除。再有，在销售人员不知道的情况下，顾客从别处购买了家电而导致家中电器增加的例子。

销售人员从顾客那里了解到这些情况后，就会用红笔标在纸质印刷的顾客台账上，做出删除、追加或变更等标记。然后兼职人员将这些纸张收集起来，在电脑上进行修改。

按理说，由销售人员使用电脑，直接对顾客数据库做出修改或许更简单。但是销售人员的工作是卖东西。而且电化山口的销售人员不都是擅长操作电脑的人。

每天都要做的事，尽可能做得简单、单纯为好。因为那样的话，任何人都能简单、持久地做下去。难的事情是无法坚持下去的。贪心地做复杂的事情，若坚持不下去也是毫无意义的。

顾客台账的管理和日决算都是电化山口每天必做的工作。因此，尽可能设置得简便易操作为好。

●电化山口掌握了 99% 的顾客的冰箱使用情况

如此努力的结果就是，关于冰箱，电化山口能够把握99%的顾客的持有情况。

因为大多数家庭是每家 1 台冰箱，与每家可能同时拥有数台电视机相比，冰箱的信息会更容易掌握。因此，电化山口能全部掌握关于冰箱的购买日期、是否在电化山口购买、冰箱的容量是多少等信息。

但即便如此，电化山口也花了 10 年才将信息的精确度提高到了现在的水平。

效果是极好的。比如说，电化山口仅以将一台冰箱使用了一定期限以上的顾客为对象，寄送请柬展开促销活动。那样一来销售情况达到了平时促销的 3~4 倍。

在 2012 年秋季举行的冰箱促销活动中，电化山口把目标集中在 2003 年以前购买冰箱的顾客身上，开展了购买新冰箱的活动。也就是说，以冰箱使用了9年以上的顾客为对象。

用此条件去检索顾客台账，在1万1000件顾客台账中，大约有3500件符合条件。冰箱的平均使用年限，按电化山口的统计为12.5年。电化山口的顾客在冰箱购买近10年后，会想"差不多该换新冰箱了"而积极地购买。这种倾向从顾客台账中也能看出。

这次我要求销售人员在推销时随身携带2003年以前购买冰箱的顾客名单，在各自负责的片区内，向顾客推荐购买新冰箱。

这样一来，电化山口在3个月内卖出了近200台冰箱。

而且，这个时候要对顾客台账添加新的项目。在上门推销结束后新增了"是否有购买意愿"这一项。用从A～D 4个等级来表示，A是可能会立即购买的顾客、B是一年内可能会购买的顾客、C是第二年1～2月可能会购买的顾客、D是暂时不会购买的顾客。而且在D类不会购买的顾客中，针对完全没有购买意愿、浪费时间的可能性高的顾客标上"80"这个标记，来进行区分。

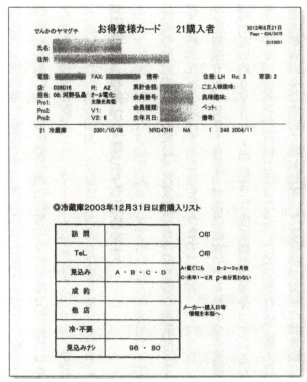

在2010年秋季举行的冰箱促销活动中，从顾客台帐中列出2003年以前购买过冰箱的客户名单。在给目标客户推销冰箱的同时，判断其购买的可能性有多大，并记入顾客台账中。

●有关洗衣机的信息，电化山口花钱也要收集

为了完善顾客台账，不仅依靠销售人员通过打听得来的信息，有时也会给顾客寄明信片进行调查。

比如洗衣机就是如此。2010年，电化山口对本店顾客

资料中没有洗衣机使用年限记录的 3700 位顾客，做了"您家的洗衣机使用了多少年""洗衣机是什么品牌"等调查。如果顾客是在本店购买的话，我们就会掌握购买日期。但是，若是从家电量贩店等别处购买的话，有时即使靠销售人员的打听也是无法了解的。

洗衣机一般会放置在盥洗室等较为隐蔽的地方。而且大多数家庭都会一直用到坏再换新的，所以顾客也记不清购买日期。因此，即使销售人员询问"您家是什么时候买的洗衣机"，大多数顾客也无法立刻回答出来。

于是，我想自己进行调查，便通过明信片的形式进行了问卷调查。作为奖励，赠送给回答问卷调查的顾客洗衣机槽的清洁剂。该清洁剂在店里售价为 2100 日元。虽然价格并不便宜，但是我认为，花钱去收集准确的信息是值得的。

根据顾客台账进行的促销活动，其好处就是不受经济波动影响。确实，在经济不景气的时候，顾客会有"再用上一两年吧"的想法，但是使用年限达到一定时间，最终顾客会在某家店购买新品。也就是说，可以预估顾客总会有一定的购买新品的需要。

因此，对顾客家中的电器持有情况有详尽的了解的话，就会抓住顾客购买新品的需要，从而确保销售额的稳定。我认为，这是只有极少数与顾客保持紧密联系的小型电器店才可以做到的、大型电器店所不具备的优势。

●更换电视机的顾客都有一定的特点

认真制作顾客台账之后，就会发现各种各样的现象。

比如，以电视机为例。电视机在购买 10 年之后进行更换的顾客居多，但实际情况如何呢？

您或许一直认为，顾客在客厅使用的超薄型电视机在购买 7~8 年之后，"差不多顾客应该想着要换新电视机了吧"。

但是，实际上顾客是不会换新电视机的。令人意外的是，产生换新电视机的念头，多数是在购买之后的 3~6 年。在电视机方面，根据资料显示，购买时间短的顾客会有更换新电视的倾向。

因此，在推销的时候可以这么说："您家的电视机买了也有 3 年了。现在以旧换新的价格也很划算，您要不要换成再大一些的电视机呢？"这么跟顾客说就非常有效。顾客会认为"使用了 3 年的电视机，折旧回收的价格也会划算一些。就买个更大一些的吧。"

另一方面，对还在使用买了 10 年以上的电视机的顾客说"要不要以旧换新，买个新电视机呢"，顾客也会说"不买了，看坏了再说"。电视机与电冰箱不一样，劝说使用年限较长的顾客更换新机是行不通的。劝说购买了 3~6 年的顾客更换新机会更有效。

如此这般，多年来反复摸索尝试，就能掌握这种倾向，即对于不同类别的商品，在什么时机建议顾客购买为好。

但是，电冰箱、空调还是需要更换的。特别是最新机型的节能性能与以前相比大不一样。于是，便可以这样推荐顾客："您家目前使用的空调虽然性能还很好，但是若换成新机型的话，能节约一半的电费。"

●顾客台账的完善永无止境

顾客台账对于电化山口来说是不可或缺的重要资料。今后也必须花费更大力气去完善。比如超薄型电视机，今后还将进一步细分为是在客厅使用，还是在卧室使用。在顾客台账中写清楚是在什么场所使用的话，会增加销售的几率。比如，若是在客厅使用的电视机的话，就可以向顾客推荐更大尺寸的。

将顾客台账的制作方法公布于众，或许会有人担心"将电化山口的技术诀窍公布出来，不会有问题吧"。但是，我完全不担心。为何这么说？因为就算别人要模仿，收集信息也不是一朝一夕就能完成的。

电化山口顾客台账的完善也永无止境。需要每天一边修正，一边继续做下去。

经营亦是如此。电化山口的经营也没有"大功告成"的终点。在每天瞬息万变的背景下，公司需要不断地去满足顾客的需求。我认为，这就是经营的本质。

后记

我开店48年了，一直在家电销售的最前线奋战至今。

由于量贩店的出现，我也曾想过"电化山口或许支撑不下去了"。

但是，即使是小公司，只要用心经营就能做下去。当然与大企业相比，或许没有充足的资金，进货能力也不占优势，顾客数也无法相提并论。

但是，与顾客的关系怎么样呢？

小公司能认真地与每位顾客对话，能更深入地理解顾客。

小公司也有属于小公司的独特优势。在与顾客的联系方面，是不输给大企业的。仅凭这一点，电化山口就放弃了价格竞争。

或许价格有些贵，但与之相应地，电化山口会提供优质的服务。和能够理解该经营方针的顾客打交道，并不断加深联系。我所做的并非难事，而是任何人都能做到的。

这个世界上，并不是所有顾客都对价格斤斤计较。对顾客有求必应，竭尽全力地为顾客服务。追求此类服务的顾客是占一定数量的。

低价竞争也正迎来转机。大型家电生产商最近也开始重视利润了。我也是碰巧得益于被量贩店包围的苦恼，较早地将企业经营方针转换到重视利润上，在这个意义上，我需要感谢量贩店。

小公司有小公司的作战方法。

小公司有小公司的幸福。

最近我经常那么想。

我最喜欢到店里和顾客聊天。正因为是做家电销售，所以要一直保持开朗的性格，我打算今后也充满乐趣地将这份工作做下去。

最后，我要对一直陪我奋战至今的电化山口的员工和比一切都重要的顾客表示感谢。本书若对各位读者的工作有所帮助和启发，将不甚欣喜。

2013 年 1 月

电化山口董事长兼社长　山口勉

"服务的细节" 系列

《卖得好的陈列》：日本"卖场设计第一人"永岛幸夫

定价：26.00元

《为何顾客会在店里生气》：家电卖场销售人员必读

定价：26.00元

《完全餐饮店》：一本旨在长期适用的餐饮店经营实务书

定价：32.00元

《完全商品陈列115例》：畅销的陈列就是将消费心理可视化

定价：30.00元

《让顾客爱上店铺1——东急手创馆》：零售业的非一般热销秘诀

定价：29.00元

《如何让顾客的不满产生利润》：重印25次之多的服务学经典著作

定价：29.00元

《新川服务圣经——餐饮店员工必学的52条待客之道》：日本"服务之神"新川义弘亲授服务论

定价：23.00元

《让顾客爱上店铺2——三宅一生》：日本最著名奢侈品品牌、时尚设计与商业活动完美平衡的典范

定价：28.00元

《摸过顾客的脚才能卖对鞋》：你所不知道的服务技巧，鞋子卖场销售的第一本书
定价：22.00 元

《繁荣店的问卷调查术》：成就服务业旺铺的问卷调查术
定价：26.00 元

《菜鸟餐饮店 30 天繁荣记》：帮助无数经营不善的店铺起死回生的日本餐饮第一顾问
定价：28.00 元

《最勾引顾客的招牌》：成功的招牌是最好的营销，好招牌分分钟替你召顾客！
定价：36.00 元

《会切西红柿，就能做餐饮》：没有比餐饮更好做的卖卖！ 饭店经营的"用户体验学"。
定价：24.00 元

《制造型零售业——7-ELEVEn 的服务升级》：看日本人如何将美国人经营破产的便利店打造为全球连锁便利店 NO.1！
定价：38.00 元

《店铺防盗》：7大步骤消灭外盗，11种方法杜绝内盗，最强大店铺防盗书！

定价：28.00元

《中小企业自媒体集客术》：教你玩转拉动型销售的7大自媒体集客工具，让顾客主动找上门！

定价：36.00元

《敢挑选顾客的店铺才能赚钱》：日本店铺招牌设计第一人亲授打造各行业旺铺的真实成功案例

定价：32.00元

日本23家顶级餐饮集团投诉应对标准手册，迄今为止最全面最权威最专业的餐饮业投诉应对书。

定价：28.00元

更多本系列精品图书，敬请期待！